湖南省社会科学成果评审委员会一般项目：湖南省□展的农民增收效应研究（XSP22YBZ173）

湖南省县域数字普惠金融发展助力农民增收的效应与机制研究

谢俊明 罗 娟 刘卫平 著

新华出版社

图书在版编目（CIP）数据

湖南省县域数字普惠金融发展助力农民增收的效应与机制研究 / 谢俊明，罗娟，刘卫平著. -- 北京 ： 新华出版社，2024. 7. -- ISBN 978-7-5166-7484-0

Ⅰ. F832.764-39；F327.64

中国国家版本馆CIP数据核字第20240FU577号

湖南省县域数字普惠金融发展助力农民增收的效应与机制研究

著者：谢俊明　罗　娟　刘卫平

出版发行：新华出版社有限责任公司

（北京市石景山区京原路8号　邮编：100040）

印刷：河北万卷印刷有限公司

成品尺寸：170mm×240mm　1/16　　印张：10.5　　字数：150千字

版次：2024年7月第1版　　印次：2024年7月第1次印刷

书号：ISBN 978-7-5166-7484-0　　定价：68.00元

微店

视频小号店

抖店

京东旗舰店

请加我的企业微信

微信公众号

喜马拉雅

小红书

淘宝旗舰店

扫码添加专属客服

-前 言-

Preface

　　大力发展数字普惠金融，有效克服传统金融的排斥性，实现普惠性增长，已成为我国金融发展的重要趋势，也是我国实施乡村振兴战略、实现共同富裕的必然要求。

　　首先，普惠金融的发展关系到"三农"问题的解决，受到中央的高度重视。2013年，党的十八届三中全会正式提出发展普惠金融。2015年，国务院发布了《推进普惠金融发展规划（2016—2020年）》，布局普惠金融发展，明确重点谋划农村普惠金融。2018年，国务院发布的《乡村振兴战略规划》提出发展乡村普惠金融。2020年，党的十九届五中全会提出全面实施乡村振兴战略，优先发展农业农村。

　　其次，为有效解决农村金融供需矛盾，应推动数字普惠金融发展，为解决农村金融问题提供新方案。尤其是针对农村金融信息不对称等因素而导致的农业农村融资难、融资贵的问题。数字普惠金融的发展，可以增加农村金融的供给，提高金融的包容性，是破解这一问题的有力举措。因此，中央高度重视数字普惠金融的发展。近几年发布的中央一号文件从不同角度提出了支持农村普惠金融发展，构建线上线下相结合的普惠金融体系，为数字普惠金融发展明确了方向。

　　最后，数字普惠金融是我国农业现代化建设的重要组成部分，具有促进乡村振兴战略实施的潜能。尤其是数字农业和数字乡村战略的实施，为数字普惠金融发展提供了重要的基础条件。同时，数字普惠金融的发展，提升了县域金融服务的质量。

　　一方面，在数字普惠金融发展的进程中，传统金融不断创新，融合数字技术发展，许多金融业务和金融活动采用线上形式开展。尤其是县域金融机构利用大数据和信息平台，将金融服务下沉到农村，为农民和新型农业经营主体提供金融服务，如免抵押、免担保贷款和随借随还的小额授信，进一步提高了县域金融服务的普惠性。因此，县域数字普惠金融发展的优势逐步显现，越来越得到消费者的认可。也就是说，县域数字普惠金融发展在共同富裕进程中和乡村振兴战略实施中具有广阔的应用前景。另一方面，对于县域数字普惠金融带来的消极影响要有正确的认识。县域数字普惠金融发展既需要传统金融机构守正创新，也需要金融监管机构在新形势下做好监管。同时，数字普惠金融的发展离不开大数据的运用，尤其是地方政府的民生数据和各种信用数据库，这些数据的规范公开使用是县域数字普惠金融市场有序健康发展的关键所在。

　　县域数字普惠金融发展是新兴事物。对于湖南这样的农业大省，如何发展县域数字普惠金融，助力农民增收是摆在农业管理人员和科研人员面前的一大课题。因此，本研究分析了湖南省县域数字普惠金融发展和农民增收的状况，在此基础上探讨湖南省县域数字普惠金融助力农民增收效应的异质性，并从宏观视角分析县域数字普惠金融通过经济增长和乡村产业振兴等机制助力农民增收，从微观视角分析数字普惠金融通过农民创业机制助力农民增收。最后，本研究借鉴国内外县域数字普惠金融发展的经验，对湖南省县域数字普惠金融发展助力农民增收提出建议和对策。

- 目 录 -

Contents

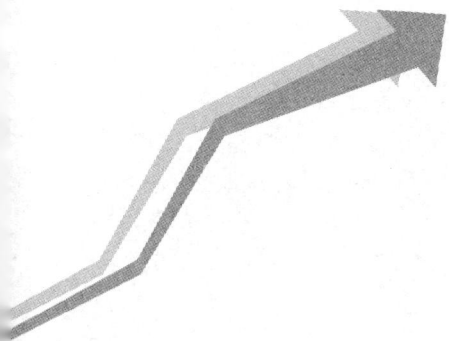

第一章　绪论

第一节 研究的背景和意义

一、研究的背景

党的二十大明确提出以中国式现代化全面推进中华民族伟大复兴。在全面推进中国式现代化的进程中，农村仍是基础薄弱的环节，促进农业农村的现代化建设仍是最艰巨的任务之一，尤其是面临世界百年未有之大变局，把握好"三农"基本盘至关重要。随着党和国家政策在农村不断得到贯彻落实，农民收入持续增加，脱贫攻坚战已取得全面胜利，但农村发展基础薄弱、人口基数大、农村经济发展动力匮乏，且在经济新常态下，经济被迫转型，传统行业受到冲击，农民外出就业机会相对减少，农产品议价能力下降，影响了农民增收。提高农民收入是解决"三农"问题的核心要素，完善农民持续增收的机制、助力农民增收则一直是高层关注的焦点之一。于是，全面实施乡村振兴战略，着力提高农民收入在当前的背景下显得尤为迫切。

促进农民持续增收之所以成为我国长期以来难以解决的问题，主要原因是城乡要素流通不畅、资源配置不均衡。金融是资源配置的重要手段，而由于传统金融对农业相关产业以及市场主体的排斥性，农村金融资源相对缺乏，成为抑制农民增收的重要因素。当前依托互联网技术、大数据技术、云计算技术、人工智能技术等数字技术的数字金融，催生了金融系统的新业态，改变了金融系统的结构和功能，提高了金融体系的运行效率和包容性，使金融助力农村经济发展的范围不断扩大、层次更深，成为引领农村经济社会变革、推动农业现代化的重要引擎。特别是在中国数字化的进程中，传统金融向数字金融演化，农民增收与数字普惠金融发展的联系更紧密。实现乡村振兴，促进农民增收，迫切需要利用数字支付、互联网借贷、互联网保险等金融新业态，在数字普惠金融发展中寻找新的切入口和发展动力，促进传统产业转换升级，增加农民创新创业的机会，增加农民就业岗位，促使农村剩余劳动力转移，加速城乡要素流动，激发农村集体经济活力，提高农民收入。

当前，数字普惠金融已成为促进经济方式转变和农村经济增长的重要引擎。无论是城市还是农村，湖南省数字普惠金融发展迅速，成效显著。湖南省是农业大省，数字普惠金融成为解决湖南省农业发展问题的有效途径。尤其在落实湖南省"三高四新"战略进程中，数字普惠金融助推新型农业发展，加速金融新业态出现，助推湖南省数字普惠金融发展，推动湖南省产业结构调整，对农业、农村和农民都产生了深远影响。管理层高度关注数字普惠金融的发展，把其作为解决城乡资源均衡配置、缓解传统金融对农民的排斥、实现乡村可持续发展的重要手段，以改善农村金融的普惠性和服务效率。截至 2022 年 6 月，湖南省数字普惠金融基础设施及用户高速增长。在信息基础设施建设方面，湖南省千兆光网覆盖家庭大幅增加，5G 基站大量投入使用，已实现县县通 5G 网络、村村通宽带的目标，乡村数字化基础设施建设全面强化，农村互联网普及率达 67%，农村网络支付用户占农村人口的比重约 42%，农村网络支付覆盖率大幅提高，与此同时，湖南省农村数字普惠金融发展水平总体不高，存在区域差异。随着综合性数字金融平台积极开拓农村市场，加速县域数字普惠金融业务布局，不断拓宽农村金融服务渠道，提高金融普惠性和金融交易效率，进一步降低融资成本，农民对数字普惠金融的需求大幅增加，数字普惠金融成为湖南省农业生产、小微企业及农民创业缓解资金压力的有效途径。总体来说，随着数字经济发展的进程，湖南省农民对县域数字普惠金融提供的金融服务的认同感进一步提升，这种无接触式的普惠金融服务已成为农村金融体系的重要组成部分，成为助力农民长期稳定增收的有效途径。

总之，发展县域数字普惠金融是实现共同富裕的内在要求。县域数字普惠金融助力"三农"的核心作用已达成共识。自2016年国家出台了加快数字普惠金融创新发展的政策以来，湖南省县域数字普惠金融服务体系不断完善，农民的收入水平不断提高，基本生活得到有效改善。2022年中央一号文件指出，"三农"工作的重心转向乡村振兴，加速农业农村发展，从促进农民就业增收、促进农业经营增效和赋予农民更加充分的财产权益三个方面明确提出拓宽农民致富渠道，为扎实推进共同富裕奠定基础。也就是说，促进农民收入持续增长已上升到国家战略高度，是实现中国式现代化本质要求的体现，也是实现第二个百年奋斗目标的前提保证。本书从县域数字普惠金融角度探讨助力农民增收的效应与机制，为促进数字普惠金融发展、提高农民收入提供理论和实践启示。

二、研究的意义

（一）理论意义

一方面，农民持续增收是解决"三农"问题的主要抓手之一，也是政府的主要工作目标之一；另一方面，金融是经济发展中的重要元素，其助力农民增收效应和机制一直备受理论界关注。数字普惠金融的概念提出相对较晚，因此其理论分析框架、提升农民增收水平效果等研究还较不成熟。数字普惠金融本质上是普惠金融发展的持续深化，是数字技术在金融行业的融合应用。由于数字普惠金融新业态出现，相关业务逐步展开，所以数字普惠金融对农民增收水平的影响的相关研究需进一步完善。本书从县域层面分析数字普惠金融发展助力农民增收的效应，拓展了数字普惠金融的研究视角；从理论和现实角度探讨数字普惠金融发展与农民增收的逻辑关系，进一步丰富了县域数字普惠金融发展助力农民增收的相关研究成果。同时，本书从数字普惠金融发展的覆盖广度、使用深度、数字化程度等维度，运用实证分析方法，探索数字普惠金融助力农民增收的总效应和溢出效应及其机制，拓展了数字普惠金融影响农民增收研究的维度和深度。

（二）现实意义

数字普惠金融依托数字技术提供在线金融服务，促使金融服务效率和可得性提高，形成了金融新业态和新格局，提高了金融风险管理能力，降低了农民融资门槛和融资成本，加快了县域数字经济发展。针对湖南省收入不同的农民群体，分析数字普惠金融发展影响农民增收效应的异质性特征，从经济学视角分析湖南省县域数字普惠金融发展影响农民增收的效应及机制，有利于纠正数字普惠金融制度构建和发展实践中的偏差，为构建数字普惠金融助力农民增收的政策体系提供决策依据。

第二节　文献综述

一、数字普惠金融的内涵

由于传统金融的排斥性，普惠金融应运而生。2005 年，联合国第一次明确提出"普惠金融"的概念，认为普惠金融具有包容性，提供的金融服务是面向所有群体的（焦瑾璞等，2015）。随着数字技术的发展，普惠金融与数字技术不断融合，产生数字普惠金融（白钦先等，2017）。数字普惠金融的内涵主要有：一是金融服务对象为社会所有人员，包括传统金融排斥的低收入者群体和微小企业（谢绚丽等，2018）；二是数字普惠金融在考虑其普惠性的同时，也会考虑其成本和收益，遵循市场规律，兼顾效率和收益性。

当前，国家普惠金融体系已成为主流，力求提高金融服务的包容性，有效降低融资成本（杜晓山，2006）。对数字普惠金融来说，其发展有诸多改善空间，如对国家政策依赖度高、服务效率低、服务体系不健全。此外，陆磊（2016）提出了"普惠金融"悖论，认为数字普惠金融在追求金融交易公平和交易效率的同时，并不与公共扶持救助所挂钩。社会救助是面向资金缺乏的贫困者的单向流动的救助，而数字普惠金融的服务对象是全民，不局限于救助对象，且要还本付息。

因此，数字普惠金融是服务全民的金融服务，基于金融公平，兼顾效率，遵循市场规律，注重参与主体在市场运行框架体系下的公平，需要考虑其成本和收益。

二、数字普惠金融发展的演变

为推动地方经济协调发展，应对传统金融的排斥性，应从数字普惠金融广度、深度等多维度大力发展（何德旭等，2015）。尤其是在数字技术崛起的今天，数字普惠金融应用场景越来越广泛。中国银行业协会统计数据显示，2022年中国利用传统金融渠道获取金融服务的不到40%，而获取数字普惠金融服务的比重大幅提升，因为数字普惠金融可以通过大数据测算个人征信，进而进行在线借贷审核，有效提高金融服务效率和普惠性。根据北京大学数字金融研究中心的数字普惠金融指数中位数，近5年（2017—2021）各省的数字普惠金融指数持续上升，但增速放缓，这说明数字普惠金融增长趋向常态化。

随着数字技术发展，新金融业态出现，数字普惠金融的发展不断冲击传统金融市场，并影响实体经济。在传统金融市场中，金融服务门槛较高，小微企业、农民融资成本高（黄益平等，2018；张勋等，2019），数字普惠金融则可以降低融资门槛和服务成本，有利于缓解各类群体的融资约束，尤其是有利于缓解中小微企业的发展资金困境（郭峰等，2016）。对个人而言，数字普惠金融能满足农民群体面临各类突发事件的融资需求、日常支付性需求以及创业等投资性需求。数字普惠金融对实体经济的影响，既有正面的也有负面的。有学者认为数字普惠金融可助推实体经济的快速发展，如数字普惠金融发展有助于实体经济的繁荣，增加更多的就业岗位，增加居民可支配收入，拉动消费（易行健等，2018），又如数字普惠金融发展能产生金融聚集效应，进而推动实体经济的发展（康书生等，2022）。但也有学者认为数字金融发展对实体经济具有基础效应（许桂华等，2017），数字普惠金融发展不利于提升全要素生产率（冉芳，2019）。可以说，从本质上了解数字普惠金融的内涵及其发展演变，有利于全面剖析当前的数字普惠金融发展制度。

三、影响农民增收的因素

在中国经济高速增长的同时，居民贫富差距进一步加大，主要体现在城乡等空间差异上，也存在于农村内部，于是农民增收问题引起了理论界的广泛关注。就农民增收的影响因素来看，宏观视角方面有产业差异（周振等，2016；宋坤等，2018）、国家政策（朱湖根等，2007）、发展风险（李克穆，2016；孙玉环等，2021）；微观视角方面主要集中在人力资本、物质资本、金融资产及社会资本。孟维福（2023）研究发现，与城市相比，农村地区农民收入增长困难的根本原因在于低人力资本的同时存在高生育率。人力资本因素具体有健康（王弟海，2012；程名望等，2014）、教育（邹薇、张芬，2006；徐舒，2010）、工作经验、职业技能、政治资本（Rostow，2012），以及农民行为，例如进城打工。在进城打工是否影响农民增收方面，学者对此产生了分歧，Du等（2005）的研究认为农民进城打工并没有缩小收入差距，但程名望（2006）、章元等（2012）的研究证明农民进城打工行为能够正向促进收入增长。

从研究方法来看，上述对农民增收影响因素的研究，主要采用传统均值回归模型，但模型中没有体现解释变量对被解释变量影响的异质性，是描述影响的期望；在此基础上，部分学者使用分位数回归法，以更清晰地展示因变量变化范围与条件分布形状。同时，从部分研究数据来看，样本量不足（高梦滔、姚洋，2006），数据本身的较大误差性，以及对其他微观基础及宏观因素影响结构的忽视，使相关变量对收入影响机制和路径不明确，需要进一步改进。

四、数字普惠金融对农民增收的影响

要探讨农民持续增收的问题，需要解决资源要素的合理流动、科学配置，而金融资源的有序的供给是根本。传统金融的排斥性容易导致农民处于金融服务的盲区，不利于农民增收（田霖，2011；王修华等，2013；朱一鸣、张树忠，2017；姚梅洁、康继军、华莹，2017）。为克服传统金融的排斥性和普惠金融信息不对称、金融供给不足、风险机制不健全等缺陷，数字普惠金融应运而生。数字普惠金融从2016年G20普惠金融全球合作伙伴报告中提出后，其概念、理论和实践都经历了一个逐步深化的过程。贝多广（2017）从金融服务方式和内容方面对数字普惠金融的内涵进行了诠释。北京大学数字金融研究中心从数字金融服务的广度、深度和程度三个维度来构建指标体系，利用蚂蚁金服数据编制数字普惠金融指数，该指数已进行了三次更新（郭峰等，2016，2019，2020）。在国外，有研究从网络覆盖率、智能机拥有率、ID注册人数所占总人口的比重等方面衡量数字普惠金融发展水平（全球普惠金融合作伙伴组织，2016）。相对于国外的普惠金融指数，国内的普惠金融指数具有省级、地市级和县域不同层面的数据的特点，且克服了原有指标受限于银行业的缺陷。

就数字普惠金融的影响而言，其宏观影响积极与否，学者的观点存在分歧。在国外，Gabor、Brooks（2017）认为数字普惠金融具有减贫增收作用，但存在区域差异。Gomber、Koch、Siering（2017）和 Kappor（2019）得出了相类似的结论。国内学者运用数字普惠金融指数实证分析了数字普惠金融的减贫和增收效应，如宋晓玲（2017），陈啸、陈鑫（2018），梁双陆、刘培培（2019），刘锦怡、刘纯阳（2020），周天芸、陈铭翔（2021），周利、廖婧琳、张浩（2021），张林（2021）等的研究。此外，张勋等（2019）实证考察了数字普惠金融发展对经济增长的积极效应，该结论也被其他学者所证实（钱海章等，2020；成学真、龚沁宜，2020；何宜庆、王茂川，2021）。数字普惠金融对其他方面的宏观积极影响的研究成果也较多，如影响经济高质量发展的研究（蒋长流、江成涛，2020；姜松、周鑫悦，2021）、影响区域经济协调发展的研究（王永仓、温涛，2020；褚翠翠、佟孟华，2021；张恒、赵茂、李璐，2021）、影响产业结构升级的研究（唐文进、李爽、陶云清，2019）等。但有学者提出了不同的观点，如：Genie（2018）认为数字普惠金融不能改善融资环境，对投资创业作用有限；李涛等（2016）则认为由于数字普惠金融推广普惠成本高，给经济增长所带来的负面影响大于正面影响；杨慧、李波（2023）运用中介效应模型分析了数字普惠金融对共同富裕的效应及作用机制，认为数字普惠金融通过乡村产业振兴对共同富裕发挥着中介效应。

在微观层面，有学者研究发现数字普惠金融发展能够改进市场、服务和信息的可得性，提高金融服务的精准性（余文建，2020；谢绚丽，2018；李建军、李俊成，2020）。在信贷方面，尹志超、张号栋（2018）认为数字普惠金融能够降低家庭信贷约束概率，对于缓解家庭信贷压力有着正向积极的作用。周利（2021）利用中国家庭追踪调查数据也得出了类似的结论。在资产配置方面，周雨晴、何广文（2020）的研究结果表明，数字普惠金融发展能够促进农户家庭的金融市场参与率，并提高风险资产配置份额。张晓玫等（2020）和廖婧琳、周利（2020）也得出了数字普惠金融对于家庭资产配置有积极影响的结论。在居民消费方面，已有诸多研究表明，数字普惠金融能释放家庭消费需求，促进消费结构升级（易行健、周利，2018；Ozili，2018；傅秋子、黄益平，2018；张龙耀、邢朝，2021；颜建军、冯君怡，2021）。

在数字普惠金融影响农民增收的研究中，大部分文献考虑的是省域或地市级层面，造成县域农村地区实际金融排斥状况被湮没，而金融排斥环境可能导致微观作用机理与宏观预期效应发生偏差，以此提出的政策会缺乏有效性。研究普遍采用的思路是基于数字普惠金融指数运用不同方法检验数字普惠金融的相关效应，存在"重量轻理"现象，难以识别农民等低收入群体面临金融排斥的类型以及数字普惠金融促进农民增收的机制。同时，数字普惠金融属于金融要素配置的分析范畴，个体差异会影响金融资源的利用效率，数字普惠金融的增收效应异质性也难以体现。

农民持续增收是实现党的十九届五中全会提出的显著缩小城乡区域发展差距和居民生活水平差距的远景目标的根本保证。因此，在数字技术广泛融入国民生产生活的今天，集中在县域层面的普惠金融问题和农民增收问题已经成为人们关注的话题，县域数字普惠金融发展与农民增收问题的研究已成为经济学界的一个重要课题。故在已有的研究基础上，对湖南省县域数字普惠金融的农民增收效应进行深入研究具有一定的理论和现实意义。

自 2016 年 G20 峰会首次提出数字普惠金融以来，我国通过数字金融技术降低普惠金融服务成本、提升金融产品服务效率。农村金融服务供给、服务内容及数字化程度有效提升，不仅缓解了市场信息不对称现象，而且在沉没成本和服务门槛降低的前提下弥补了部分农村金融功能。实践证明，数字普惠金融具有助力全面推进乡村振兴的重要作用。学术界对数字普惠金融与农民增收的关系进行了大量探讨，主要集中在数字普惠金融助力农民增收的路径和机制方面。在路径方面，蒋永穆（2018）认为农民持续增收是农村经济发展的重要体现，农村金融是农业经济的资源配置核心。葛和平（2021）分析了数字普惠金融对农村全要素生产率的影响，认为资源要素扩大居民间收入差距。王姣（2022）认为与传统金融相比，数字普惠金融在金融服务质量、服务成本、服务对象上都有着更普惠优质的服务，能够利用数字技术降低沉没成本和服务门槛，增加使用范围和理财融资渠道。顾晓安（2020）、许月丽（2022）认为因农民自身禀赋和资产不足而产生金融排斥现象，数字普惠金融打破金融机构壁垒，通过借贷助力农民增收。上述研究都充分肯定了数字普惠金融对农民增收的积极作用。在影响机制方面，Hannig（2015）认为数字普惠金融通过资源配置机制，降低金融服务成本，提高投融资普惠性，改善金融资源配置效率，提高农民收入。李建军（2019）结合中介效应模型和面板门槛回归方法实证检验了数字金融的增收减贫效应的逻辑关系。陈丹（2019）利用省市级面板数据构建实证检验了数字普惠金融对农民收入的促进作用，王永仓（2021）、刘自强（2021）也得到了相似的结论。杨怡（2022）引入中间变量实证分析了数字普惠金融对城乡收入差距的影响机制。张碧琼（2021）分析了数字普惠金融影响农民增收的创业机制。张林（2021）从县域产业升级的角度检验了数字普惠金融影响农民增收的机制。

第三节　研究的内容、思路与方法

一、研究的内容

（一）研究的对象

研究以湖南省县域为基本分析单元，围绕数字普惠金融发展与农民增收问题，重点研究湖南省县域金融排斥的特征，数字普惠金融发展影响农民增收的综合效应和空间效应，以及促进农民增收的影响机制。

（二）研究的总体框架

根据上述研究对象，研究的总体框架如下。

1. 湖南省县域数字普惠金融发展影响农民增收的机理分析。在界定县域数字普惠金融的内涵的基础上，构建湖南省县域数字普惠金融发展状况的分析框架，分析湖南省县域数字普惠金融发展的偏差，从直接和间接视角构建湖南省县域数字普惠金融发展影响农民增收的理论模型。

2. 湖南省县域农民面临的金融排斥的特征及影响因素。利用微观调查数据考察湖南省县域农民面临的数字普惠金融排斥的特征，识别微观个体面临的金融排斥的类型（需求型和供给型），并多视角分析湖南省县域农民面临的金融排斥的影响因素。

3. 湖南省县域数字普惠金融发展影响农民增收的效应。提出数字普惠金融与农民增收之间的研究假设，利用分层比较法考察湖南省县域数字普惠金融发展影响农民增收的综合效应，利用湖南省县域普惠金融指数构建空间计量模型，分析数字普惠金融发展影响农民增收的空间效应。

4. 湖南省县域数字普惠金融发展对农民增收的影响机制。利用调节效应模型和中介效应模型，从经济机会视角着重分析湖南省县域数字普惠金融发展促进农民增收的传导机制。

（三）研究的重点、难点

1. 研究的重点如下：构建湖南省县域数字普惠金融发展对农民增收直接和间接效应的理论模型，分析农民面临金融排斥的影响因素。分析湖南省县域数字普惠金融发展对不同收入阶层农民收入增长的影响及异质性。

2. 研究的难点如下：对湖南省县域数字普惠金融发展做综合评价，识别微观个体面临的金融排斥的类型。从调节效应和中介效应分析湖南省县域数字普惠金融发展对农民增收的影响机制。

（四）研究的主要目标

1. 构建湖南省县域数字普惠金融发展与农民增收的作用机理理论模型，分析湖南省数字普惠金融发展的困境，为政策制定提供参考。

2. 分析湖南省县域数字普惠金融发展对农民增收的影响机制，探索湖南省数字普惠金融发展促进农民增收的新模式，为落实乡村振兴战略实施提供政策建议。

二、研究的思路与方法

（一）基本思路

研究以湖南省县域数字普惠金融发展的农民增收效应为主线，严格遵循提出问题、理论分析、实证检验、政策建议的研究思路，理论与实证并重，系统研究湖南省县域数字普惠金融发展的农民增收效应及影响机制问题，总体思路如图 1.1 所示。

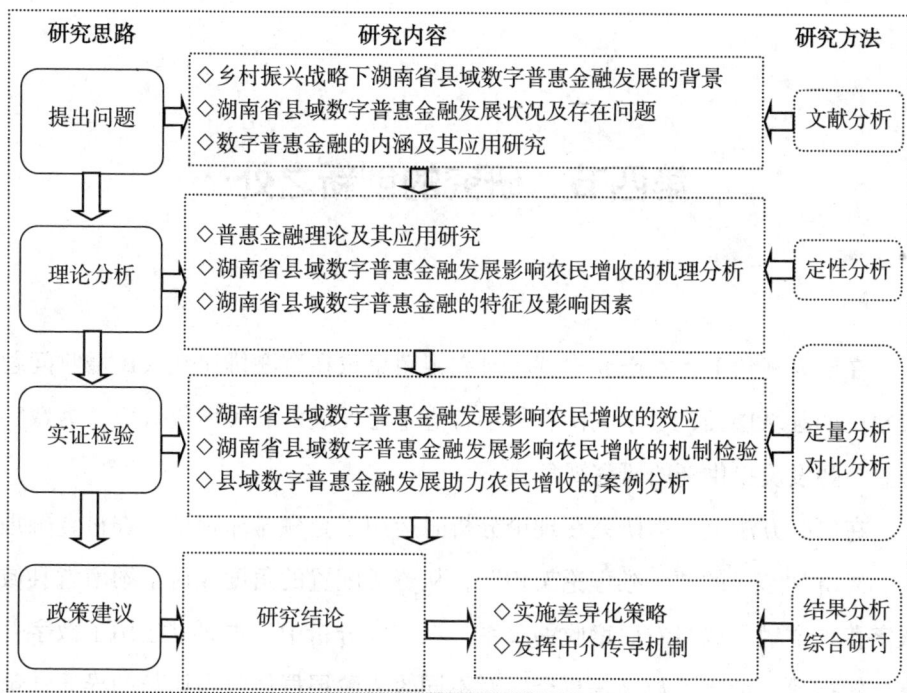

研究思路	研究内容	研究方法
提出问题	◇乡村振兴战略下湖南省县域数字普惠金融发展的背景 ◇湖南省县域数字普惠金融发展状况及存在问题 ◇数字普惠金融的内涵及其应用研究	文献分析
理论分析	◇普惠金融理论及其应用研究 ◇湖南省县域数字普惠金融发展影响农民增收的机理分析 ◇湖南省县域数字普惠金融的特征及影响因素	定性分析
实证检验	◇湖南省县域数字普惠金融发展影响农民增收的效应 ◇湖南省县域数字普惠金融发展影响农民增收的机制检验 ◇县域数字普惠金融发展助力农民增收的案例分析	定量分析 对比分析
政策建议	研究结论 → ◇实施差异化策略 ◇发挥中介传导机制	结果分析 综合研讨

图 1.1 研究的总体思路

（二）研究方法

1.文献分析法。围绕研究对象，梳理总结国内外关于数字普惠金融与农民增收的已有文献，归纳借鉴已有的研究思路和方法。

2. 定性分析法。揭示湖南省县域数字普惠金融发展与农民增收的关系，对湖南省县域数字普惠金融进行综合评价。

3. 定量分析法。利用湖南省县域数字普惠金融指数，用分层回归考察对农民增收的综合效应，用空间计量模型分析对农民增收的空间效应。利用调节效应模型和中介效应模型探讨湖南省县域数字普惠金融对农民增收的影响机制。

第四节　研究的创新之处

在研究视角上，本研究尝试将研究视角聚焦在金融排斥和农民增收问题较集中的县域层面，考察湖南省数字普惠金融发展的农民增收效应，为数字普惠金融发展提供新的研究视角。

在研究方法上，本研究在理论分析时运用了金融排斥理论、农村金融理论、经济学形成的"多维理论架构"，从资源配置的角度探讨了湖南省县域数字普惠金融发展与农民增收的关系。在实证分析中，本研究运用了数字普惠金融指数，考察了数字普惠金融对不同收入阶层群体收入增长的异质性影响，用空间计量模型分析了其空间外溢效应；利用调节效应模型和中介效应模型检验了湖南省县域数字普惠金融发展对农民增收的影响机制。

第二章　县域数字普惠金融发展助力农民增收的机理

第一节　数字普惠金融概要

一、数字普惠金融的概念

普惠金融即包容性金融，其概念最早可追溯到 2005 年。联合国把 2005 年定为国际小额信贷年，提出发展普惠金融部门的蓝图，这意味着普惠金融将在全球范围内推广和普及。普惠金融旨在满足所有人的金融服务需求，有效、全方位、方便地为社会所有阶层和群体提供服务，包括传统金融排斥或服务不足的贫困者、低收入者和中小微企业等。普惠金融涵盖的范围广泛，包括小额贷款、消费金融、金融技术、社区金融等多个领域。相对于传统金融，普惠金融更加强调服务对象的包容性、服务方式的便捷性、服务内容的全面性与无差异性以及商业模式的可持续性。

依托数字技术发展的普惠金融催生了数字普惠金融。数字普惠金融理念是在 2014 年 G20 普惠金融全球合作伙伴关系的工作计划中最早提出的。随着移动通信等数字技术与金融业的不断融合，金融交易方式与服务模式不断演进，数字化、移动化与智能化的普惠金融成为大趋势。数字普惠金融的概念是在 2016 年 G20 杭州峰会上首次被提出的。根据 G20 普惠金融全球合作伙伴的定义，数字普惠金融泛指一切通过数字金融服务促进普惠金融的行动。它包括运用数字技术为无法获得金融服务或缺乏金融服务的群体提供一系列正规金融服务，并且以负责任的、成本可负担的方式提供，同时对服务提供商而言是可持续的。G20 杭州峰会发布的《G20 数字普惠金融高级原则》提出，数字普惠金融的具体内容包括各类金融产品和服务（如支付、转账、储蓄、信贷、保险、证券、理财、银行对账单服务等），通过数字化或电子化技术进行交易，如电子货币、支付卡或常规银行账户。

综合上述观点来看，数字普惠金融是指依托各类数字化技术，在成本可控、商业模式可持续下，为社会各类人员群体，尤其是传统金融体系覆盖不足的城镇低收入人群、农村人口、偏远地区人口等特殊群体以及小微企业，提供平等、有效、全面、方便的金融产品和服务。

二、数字普惠金融的发展体系及构成要素

（一）数字普惠金融的发展体系

数字普惠金融的发展体系是以金融机构、互联网巨头、金融科技企业等为服务主体，以农民、绿色普惠金融、小微企业和民生领域为主要服务客体，以支付体系、信用体系和数字设施为基础设施，以政策、法律法规为制度保障的生态系统（见图2.1）。

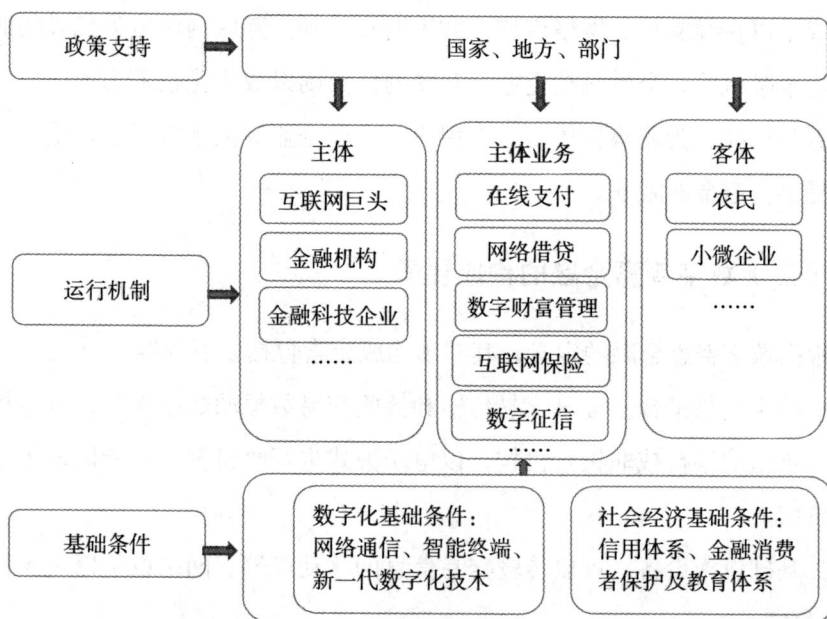

图 2.1　数字普惠金融发展体系

其中，政策支持主要包括中央政府一级的法律法规、国家战略和统一规划，地方政府的发展政策，以及各监管部门所制定的领域政策。数字普惠金融作为数字化技术与普惠金融的产物，尤其需要各部门跨领域的合作与协同监管。基础条件主要指的是数字化基础条件与社会经济基础条件。其中，数字化基础条件主要包括以智能手机为代表的智能终端、以移动通信和网络基础设施为代表的网络通信和以大数据、云计算、人工智能、区块链等为代表的新一代数字化技术。社会经济基础条件主要包括社会信用信息体系、金融消费者保护及教育体系。运行机制主要指的是数字普惠金融体系中的主体通过一系列产品与业务作用于客体的过程。与传统普惠金融体系中只有金融机构与用户两方关系不同的是，数字普惠金融的主体增加了金融科技企业、互联网巨头。不论是拿到金融牌照直接为用户提供金融服务，还是为金融机构提供数字化技术支持从而间接服务于金融用户，金融科技企业、互联网巨头在数字普惠金融体系中扮演着不可或缺的角色。通过几年发展，数字普惠金融形成了以在线支付、网络借贷、数字财富管理、互联网保险为代表的业务形态。金融机构、金融科技企业、互联网巨头则以数字化技术为手段，以典型业务为依托，为弱势群体、三农用户、小微企业等数字普惠金融重点服务对象提供普遍金融服务。

（二）数字普惠金融的构成要素

根据数字普惠金融的定义，其基本构成要素包括以下内容。

1. 数字交易平台。金融交易传输和接收交易数据的数字平台，能连接存储电子价值的银行或非银行机构，以电子方式进行收付款，且能以电子方式储存价值。

2. 基础设施设备。可以传输交易信息的移动终端、网络设备以及支付工具的设备。

3. 第三方支付代理商。在交易过程中，承担电子储存价值与现金的互换。代理商拥有与基础设施设备相连通的数字技术设施，具有传输和接收金融交易数据的功能。

4. 金融服务内容。依托数字技术和交易平台，银行和非银行金融交易机构可以克服传统金融的排斥性，满足通常未得到充分金融服务的人员的金融需求，包括在线支付、网络借贷、互联网保险等。

三、数字普惠金融的特征

与传统的普惠金融相比，数字普惠金融呈现出如下几大特征。

一是覆盖区域更广泛。一般的金融服务要想向基层进行延伸，往往需要依靠物理营业性网点和分支机构的铺设来实现。出于成本与收益的考虑，金融机构一般会选择将资源投放于人口密度大、经济较为活跃的地区，而对于位置偏远、人口较少或贫困落后地区的覆盖则会相对稀少或欠缺。相比而言，数字普惠金融依托于互联网、移动通信等数字化技术，在基础通信设施广泛覆盖的前提下，能够突破金融机构布局的地域限制，从而更大程度上为用户提供跨空间、无差别的金融产品与服务，实现数字普惠金融向县域、乡村、社区的深入推进。

二是服务成本更低廉。数字普惠金融相比传统普惠金融服务而言成本更低，这主要得益于两方面的原因：一方面，金融机构不管是铺设营业网点还是增加分支机构，都会带来一系列包括人力、物力、场地在内的固定成本的增加，尤其是对偏远地区或人口稀少的地区来说，当新增网点带来的长期收益不足以弥补成本时，将会抑制一部分普惠金融服务的供给。但数字普惠金融通过数字化技术可以减少相当比例的网点与人工投入，同时使服务新增客户的边际成本大大降低，从而在整体上为金融机构节省开支。另一方面，由于市场信息不对称、金融行业风控要求高等原因，传统金融产品与服务往往存在着宣传推广效率较低、交易流程复杂烦琐等问题，在很大程度上增加了金融业务的成本。通过领先科技的创新应用则可深度解决这些行业痛点问题。例如，以大数据技术为支撑，多维度分析用户信息与数据，识别用户需求，进行精准营销，从而减少金融服务供需双方的搜寻与匹配的时间，降低金融机构获客成本，提升金融服务效率，实现数字普惠金融的商业可持续性。

三是服务对象更普遍。世界银行 2017 年开展的全球普惠金融调查显示，当时全球仍有 17 亿成年人没有金融账户，这些人的主要特征包括：几乎全部来自收入较低的发展中国家，接近 2/3 的人受教育程度在小学及以下，接近 1/2 的人是失业人口。报告同时指出，收入过低没有开账户的必要、金融服务成本较高以及金融服务距离较远是这些人没有金融账户的主要原因。可以看到，虽然各国积极开展普惠金融的发展，但部分困难及特殊群体获得金融服务的障碍仍然客观存在，金融机构仅仅依靠传统服务方式或运营模式很难改变，也很难将这些潜在用户纳入其中。

数字普惠金融不仅有普惠金融在服务对象大众化上的目标，还有相应的落实技术作为支撑和保障。例如，大数据技术能够使以往很难达到传统金融机构信用评估门槛的小微企业、低收入群体也满足要求，帮助其获得信贷、投融资等金融服务。另外，新技术所催生出的全新业务形态，例如网络贷款平台、众筹平台等增加了金融资本与普通用户参与金融活动的途径和机会。

四、发展数字普惠金融的意义

数字普惠金融在促进经济发展、缩小城乡差距、减少贫困、解决小微企业融资难问题、解决普惠金融"最后一公里"与商业可持续问题等多个方面有重要意义。

美国咨询公司麦肯锡在 2016 年发布的报告《普惠数字金融：助力新兴经济体包容性增长》中计算推测，到 2025 年，数字普惠金融的广泛使用能够使新兴经济体的年国内生产总值增加 3.7 万亿美元，该数值比正常情况高出 6 个百分点，同时创造出 9500 万个新的就业机会。经济学家 Tavneet Suri（2016）在研究肯尼亚的数字普惠金融后估计，移动货币的使用提高了消费分配的效率，提高了肯尼亚人均消费水平，使 2% 的家庭摆脱了贫困。奥纬咨询公司（2017）研究发现，数字金融解决方案对于缩小普惠金融差距有巨大作用，它可以满足社会底层人群和小微企业大约 40% 的支付需求及 20% 的信贷需求。同时奥纬咨询公司测算出，数字普惠金融的累积效应能够推动印度尼西亚和菲律宾的 GDP 增长 2% ～ 3%，低收入人群（每天收入低于 2 美元）收入增加 10%。

我国学者黄益平等（2018）研究认为，我国的普惠金融发展缺乏商业可持续性，而数字技术为克服普惠金融的天然困难提供了一种可能的解决方案，因此，他认为，到目前为止数字金融所展示的最大优势是支持普惠金融的发展。宋晓玲（2017）、张子豪等（2018）、张贺等（2018）在分析我国省区市的空间面板数据后都发现，数字普惠金融的发展对中国城乡收入差距的缩小有显著的促进作用。龚沁宜等（2018）通过我国西部地区 12 个省市 2011—2015 年的面板数据，研究不同经济发展水平下数字普惠金融的减贫效应，结果发现，数字普惠金融对于农村地区的贫困情况有十分明显的减缓作用。任碧云等（2019）基于对京津冀 2114 位农民调查数据的研究，指出数字普惠金融中的数字支付服务、数字借贷服务以及数字金融服务的可得性对农村包容性增长有显著的直接促进作用。王馨（2015）认为互联网金融弥补了适量的供给缺口，减轻了信贷配给程度，促进了金融资源的合理配置，为解决小微企业融资困境提供了帮助。

五、县域数字普惠金融发展业态

数字普惠金融是依托数字技术的金融创新，包含金融组织、业务模式、金融产品的创新，从而促进金融服务实体经济提质增效。目前金融市场中县域数字普惠金融的供给主体主要有传统金融机构、金融科技公司以及互联网巨头，相关业务主要涵盖在线支付、互联网借贷、数字财富管理和互联网保险等。

（一）在线支付

在数字信息时代，随着移动终端的普及，现金、支票及汇票等传统支付方式的使用频率逐渐降低，在线支付成为市场主流。相对于传统支付，在线支付是依托互联网技术的电子支付方式，时间和空间约束少，具有可获得性高、交易快捷等优点，从而提高了农民普惠金融的覆盖面。同时，在线支付的担保交易机制有效缓解了交易中的信息不对称，从而促进了农村电商的快速发展。可以说，在线支付既提高了交易效率和金融服务的包容性，也丰富了金融服务的形式，促进了金融业务之间协同发展。

近 20 年来，随着中国银联、支付宝、财富通等支付结算平台相继成立，在电子商务的加持下，在线支付市场迅速扩张，得到空前发展。当前，在线支付作为数字普惠金融相对成熟的服务形式，与社会生活息息相关。截至 2023 年 6 月，中国在线支付用户数达到 9.43 亿人，占全体网民的 87.5%（见图 2.2）。湖南省也不例外，随着数字金融的发展，在线支付逐步向各领域渗透，尤其是在民生支付方面，应用场景不断拓展，普惠民生服务范围不断扩大。这主要表现在移动电子支付业务量大幅增长，在线支付城乡差距不断缩小。同时，在线支付的应用场景不断延伸，尤其是与医保系统、各类缴费系统深度融合，使农民可以实时汇算清缴，提高了便民服务的效率，增加了用户的黏性和覆盖群体的范围。

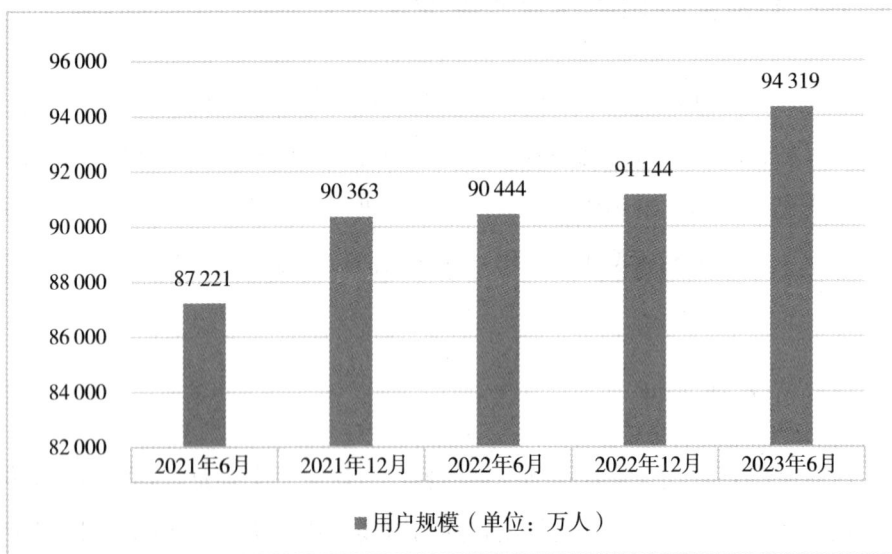

数据来源：中国互联网络发展状况统计报告。

图 2.2　2021—2023 年在线支付用户规模

当前在线支付的便捷、高效优势凸显，已成为农民金融服务非常有效的方式。在线支付也成为突破农村金融服务瓶颈的有效途径。多样化的金融产品能满足农民的基本金融服务需求，推动数字普惠金融服务与农村应用场景融合发展，提高金融服务"三农"的效率，有助于促进农民增收。

（二）互联网借贷

农民和小微涉农企业曾长期受到融资难、融资贵的困扰。依托数字技术在金融领域的广泛应用，互联网融资应运而生。互联网融资中的借贷双方可以通过在线金融平台进行交易，交易信息是双向的，打破了传统金融信息的单向传递，可以有效缓解信息不对称问题，因为互联网金融平台可以依托大数据全面评价融资者的征信情况，并通过智能风控系统管理用户风险。这样有利于简化交易程序，节省抵押担保费用，减少金融服务对营业网点的依赖。同时，互联网借贷具有期限灵活的优势，借贷者可以根据自身需求灵活选择借款时间和还款期限。互联网借贷也可以突破空间限制，提高金融服务农民的包容性，进而扩大金融服务覆盖范围，有效缓解弱势群体的金融排斥性，增加借贷双方之间的信息公开透明度，有效缓解信息不对称带来的道德风险和逆向选择问题。

（三）数字财富管理

传统财富管理主要涉及银行和券商等领域，主要是为高净值客户群体服务。随着居民财富水平的提高和数字技术的发展，数字技术在证券分析、量化交易及资产配置等方面提供了多样化的技术服务支持，降低了农民参与财富管理的门槛。尤其是数字技术与传统财富管理的融合，促使了互联网理财平台和智能投顾等数字财富管理方式的出现。目前国内外数字财富管理已成为一种新兴趋势，人工智能应对复杂多变的金融环境的能力不断提高，数字财富管理的需求倍增，数字技术在财富管理的应用场景越来越多，主要体现在社交投资、AI 投资分析、智能投顾和量化交易等方面。农民参与程度较高的是余额宝和零钱通等数字理财产品。这些产品具有投资门槛低、在线交易、流动性好的优点，有效降低了农民参与财富管理的时间成本和交通成本。总之，数字财富管理工具为农民提供了理财渠道，为农民财富保值、增值提供了高效的配置方式。

（四）互联网保险

随着互联网技术与保险业务的融合，保险产品不断创新，产品营销从传统转向线上，运营模式迭代。相对于传统保险，互联网保险具有以下几个优势：一是保险机构借助数字技术提高保险服务的普惠性，为开展小额普惠保险提供了可能。二是依托大数据创新金融保险产品。数据是保险产品创新的关键要素，在缺乏数据的情况下，通常采用试错的办法进行产品的定价，这会导致试错成本较高，而运用大数据技术可以大幅降低成本。在采用大数据技术进行分析的基础上，可以根据用户的风险偏好实施差异化的定价，进而实现精准营销，以满足客户个性化需求，同时借助线上渠道销售，减少销售的中间环节，提高营销效率，降低运营成本。三是"互联网＋"保险消费场景的运用形式多样化。利用互联网技术，可以将消费过程中产生的保险供求实现无缝对接，如飞机延误险、网购退货保险，既消除了客户需求中的痛点，也提高了保险交易的效率。四是利用数字技术，有效缓解信息不对称问题，降低困扰行业发展的道德风险。数字技术的发展创设了大众广泛参与的信任机制，重构了保险公司与客户之间的信任关系。从近年来互联网保险保费收入规模和比重来看（见表 2.1），中国互联网保险发展迅速。

表 2.1　2016—2022 年中国互联网保险的发展情况

单位：亿元

项目	2016	2017	2018	2019	2020	2021	2022
财险保费规模	505.7	768.3	502.2	493.5	695.4	838.6	797.9
比重（%）	7.0	9.6	5.8	5.0	6.5	7.2	6.7

续　表

项目	2016	2017	2018	2019	2020	2021	2022
人身保险保费规模	352.2	1465.6	1796.7	1383.2	1193.2	1857.7	2110.8
比重（%）	2.7	9.0	8.1	5.2	4.4	5.9	6.4

数据来源：中国保险业协会。

（五）数字征信

征信是指通过专业机构对企业和个人的信用状况进行综合评价。征信服务为交易双方提供风险管理决策依据，有利于提高信贷资产质量和金融配置效率，降低金融机构的不良资产率，为金融行业健康发展提供支撑，为实体经济发展注入持久的动力。

征信业务的发展历史悠久。早在 20 世纪 30 年代，我国就有了一些专业征信机构，但并没有持续下去。我国征信业持续稳定的发展是在改革开放后，自 1992 年贷款证制度开始，初成于 2002 年银行信贷登记咨询系统全国三级联网运行，完成于 2006 年全国统一的企业和个人征信系统全国联网运行。在广泛应用数字技术之前，我国征信体系存在一些不足之处。一是征信服务产品较为单一，难以满足金融发展需要。征信服务产品是数据简单整合后的基础产品，主要集中在企业和个人征信报告，而市场中高净值客户信贷分类、信用评分多元化等相关产品较匮乏，难以满足客户需求。二是征信数据采集成本较高。数据采集模式是单向的、不全面的。如央行的征信中心采集的数据主要来自商业银行报送的信贷交易数据。非商业银行的信用数据，如税务、市场监管等部门的数据通常难以共享，这样容易造成信息孤岛，降低征信数据的全面性。而市场化的征信机构获取数据的难度和成本过高，征信评价的可靠性会受到质疑，使用范围也受到相应限制，这样征信服务的覆盖面较窄，难以适应当前经济社会发展的需要。

随着大数据和云计算等数字技术的融合，数字征信快速发展，为征信行业的增长奠定了基础。也就是说，数字征信除通过传统渠道采集数据外，主要利用互联网渠道收集市场主体的多元数据，并利用大数据管理方法，建立评分模型，对市场主体的信用状况进行评价，进而不断创新征信产品。目前市场中主流的大数据征信产品有基于电商平台的、基于支付牌照的和基于社交网络的。这些多元化的数据既有信用类数据，也有非信用类数据。总的来说，数据的质量是影响征信评价的基础，也成为影响信用风险管理的关键所在。目前的数字征信还缺乏税务、电信等数据的支撑，不够全面，这也成为数字征信发展的瓶颈。

六、数字普惠金融的发展模式

随着数字化技术的发展，面对不同的客户需求，数字普惠金融探索不同应用场景，形成了具有特色的发展模式。

（一）在线支付扩展基础金融账户覆盖面

由中国人民银行统计数据可知，近年来中国在线支付交易规模逐年增加。2015 年中国非银行机构在线支付规模为 49.48 万亿元，2022 年的规模达到了 337.87 万亿元，约是 2015 年的 7 倍（见图 2.3）。在线支付的快速发展不仅使支付倾向去现金化，还让基础金融服务惠及广大农民，提升了数字金融的普惠性。

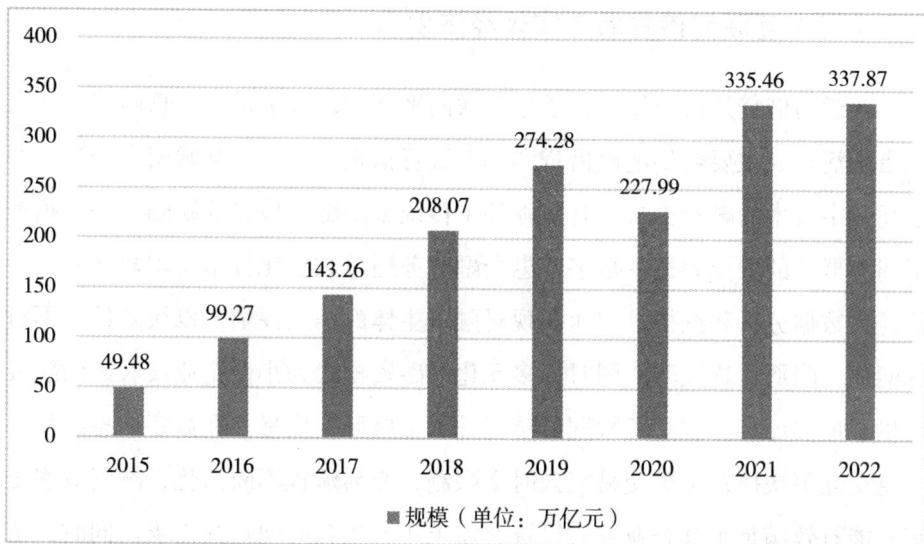

数据来源：中国人民银行。

图 2.3　2015—2022 年中国非银行机构在线支付规模

在线支付扩展了基础金融账户覆盖面。一是在线支付缓解了传统金融排斥性，提高了金融服务的覆盖率。与现金支付相比，在线支付受时空约束更少，能够有效缓解金融服务的城乡二元差距，为传统金融服务排斥群体获取金融服务提供有效方式，尤其是使偏远地区居民能够实现在线支付，通过移动终端进行转账、汇款、在线缴费等金融活动。二是在线支付促使数字普惠金融多元化发展。随着在线支付竞争日益激烈，市场日渐饱和，在线支付机构的竞争已从市场规模转向商业模式、服务模式的竞争。尤其是随着人工智能应用场景的不断丰富，支付业务的应用场景不断拓展，普惠性凸显。首先是与日常生活息息相关的应用场景的拓展，如水电缴费、在线购票、医疗结算等，可以说，在线支付在不断满足金融服务个性化需求。其次，金融机构等可依托大数据应用，通过在线支付服务数据，获取用户的消费偏好、频率，进而对客户实行精准营销，为客户定制个性化的金融产品，提高数据变现的能力，同时提升普惠金融服务的精度。

（二）互联网借贷助力实体经济发展

互联网借贷是指交易双方通过互联网平台实现资金供求信息匹配，并完成借贷活动，主要包括电商借贷和网上银行借贷等形式。互联网借贷是一种依托数字技术的融资模式，有效弥补了传统金融融资模式的缺陷。一是拓展了弱势群体的融资渠道。数字普惠金融服务通过数字化技术实现数据共享，依托大数据分析和挖掘，快速实现对融资主体的信用评估，以缓解信息不对称问题，降低信贷风险。同时，多元化的融资模式为小微企业或农民的融资提供了更多可能。二是互联网借贷提升了金融服务质量。在数字信息时代，信息交互更快捷，金融交易突破时空限制，交易流程不断简化，融资效率更高，能有效满足小微企业或农民资金需求小、用款时间短的需求。同时，依托数字技术，金融机构等可以为客户提供精准化、个性化的融资服务产品，以满足不同目标客户的需求，如微粒贷可以实现随借随还，有效缓解小微企业发展的资金缺口，也加速了互联网借贷利率市场化的进程。

（三）数字普惠金融助推"三农"发展

金融资源合理配置一直是解决"三农"问题的关键所在。农村地区金融供给不足、需求结构不平衡是推进农村普惠金融进程的堵点，同时存在涉农行业产业化程度不高、收益率较低、面临不可控的风险因素多等问题。由于资本的逐利性，农村地区对资本的吸引力较弱，导致农业农村金融资源匮乏，呈现城乡二元结构。数字普惠金融的出现，有利于扩大金融服务覆盖面，提高金融服务的普惠性，打通农村普惠金融"最后一公里"。如今，涉农互联网贷款呈现多元化。面向农民，金融机构等为其提供授信额度较小的信用贷款，如农业银行的惠农 e 贷、微众银行的微粒贷等。针对涉农中小微企业，金融机构等通常利用数字技术的优势，不断创新金融产品和服务模式。例如，京东的数字农贷通过收集相关农业生产过程及其历史生产数据，预测最近的产量，同时利用数字技术手段对生产过程进行全方位的监控，通过信用评价模型持续调整企业信用，进而调整授信额度，强化信贷资金管理。针对涉农大中型企业，传统金融机构可以借助互联网技术，结合现有硬件设施，构建涉农的数字普惠金融平台，丰富金融服务模式，拓宽服务范围，提升农村地区金融服务的普惠性（见表2.2）。例如，建设银行推出的"裕农通"平台，能有效规范金融交易过程，降低信用风险，破解"三农"融资难的问题。

表2.2　部分金融机构涉农网络贷产品

银行类型	涉农数字普惠金融产品
国有银行	农业银行－惠农 e 贷、邮储银行－E 捷贷、建设银行－裕农通
股份制商业银行	兴业银行－银银平台
城市商业银行	桂林银行－桂农贷、湖南银行－税联 e 贷
农村商业银行	广州农村商业银行－村民 e 贷

（四）人们的数字化理财意识逐渐树立

目前金融市场中涉及数字理财产品的平台主要有信息服务类、理财产品销售类、资产管理类平台。相对于传统金融理财产品，数字理财产品的理财本质并未改变，只是依托网络平台，改变了原有的销售方式和渠道，提高了获客的精准度，同时降低了金融理财的门槛，让更多长尾用户参与金融理财，扩大了数字理财的覆盖面。近年来，人们的数字化理财意愿更加强烈，购买互联网理财产品的人数和规模逐年扩大，数字理财用户人数从2015年的2.4亿人增加到2023年的6.5亿人，互联网理财市场规模约13万亿元。

（五）互联网保险普惠性凸显

首先，互联网保险快速发展促使保险业不断创新，形成多元化发展格局，有利于保险行业的持续健康发展。因为依托数字技术而生的互联网保险，其投保、理赔等业务流程不断简化，提高了保险机构的运营效率，降低了其经营成本，进而加速保费下降，让投保人受益更多，从而实现互联网保险的普惠性。其次，保险机构利用数字技术将线下服务转为线上服务，为客户提供实时在线服务，减少沟通成本，同时获取客户相关的大数据，掌握客户的潜在需求，从而对保险产品进行差异化定价，对客户实施精准营销，以提高客户转化率。最后，保险机构能依托数字技术不断优化创新保险产品。因为互联网保险产品的出现，使客户反馈更及时高效，而针对客户的个性化需求，保险产品开发也更加多元化、更加合理。另外，随着新型的互联网保险机构参与，保险经营主体逐渐增加，"互联网＋"的应用场景越来越多，相应的保险产品种类不断丰富，如退货运费险、手机碎屏险、共享单车意外险等。这些遍布各种生活场景中的小微险种逐渐受到客户的青睐，也在一定程度上满足了数字经济时代细分领域的保险需求。

第二节　数字普惠金融助力农民增收的理论基础

一、农村金融理论的演变

农村金融作为农村经济发展资源配置的重要手段，相关理论通过不断实践和应用而逐渐丰富，形成了比较完整的农村金融理论体系，已成为中国金融体系的组成部分。

（一）农业信贷补贴理论

20世纪80年代前，农村金融理论主要以农业信贷补贴理论为主。农业信贷补贴理论是基于金融抑制提出的，其核心是通过外部政策资金注入对农业贷款实行贴息，降低融资成本，以缩小农业与其他产业之间的收入差距。实践证明，该理论有利于缓解农民融资难、融资贵的状况，有利于农业规模扩大和农村经济的发展。同时该理论有其局限性：一是依赖外部资金的注入，资金来源不稳定，并加大政府财政的压力；二是金融机构由于有政府信用担保，会弱化借贷者信用监督，增加不良贷款，影响金融系统的稳定性；三是由于交易成本等因素，金融机构更倾向于给生产规模大的农户提供融资，小农户仍然面临融资难的问题，仍不具有普适性。

（二）农村金融市场理论

随着农村金融发展，农业信贷补贴理论难以适应实践要求，农村金融理论不断丰富，出现了农村金融市场理论。农村金融市场理论强调市场机制的作用，以市场为导向，实行利率市场化，突出金融机构的中介作用，认为政府干预政策抑制了农村金融的发展，推动了农村金融体系的发展。但以市场为导向的农村金融，会导致规模小的农户贷款成本上升，减少小农户的收入，尤其是对经济落后的农村地区来说，市场失灵是常态。因此，农民融资难的问题也难以解决，农村金融市场理论推进农村经济发展的实践效果有限。

（三）微金融理论

为了解决市场失灵的问题，政府需要适当干预，利用非市场要素干预农村金融市场，缓解农村金融市场有效运行的不利因素。微金融理论是在小额信贷的基础上提出的。微金融是金融机构向低收入阶层和弱势群体提供的一种可持续发展的金融服务方式，涉及小额储蓄、小额支付、小额保险等金融服务。由此可见，微金融是小额信贷多样化发展的结果。微金融主要有非营利组织的小额信贷模式、政策性小额信贷模式、商业性小额信贷模式等运营模式。相对于传统的金融机构，以小额信贷为主要形态的微金融，不断创新了小额储蓄、保险、租赁等金融服务，促进了农村社会资本的累积，能满足不同农民收入群体的金融需求，进而促进农村经济的发展，但微金融的资金来源单一，具有风险和管理成本高等特点。

（四）普惠金融理论

为了克服微金融发展的诸多缺陷，增加金融服务的包容性，普惠金融理论逐渐形成。它着重强调金融服务对象的普及化、成本合理化、服务形式多元化，并从微观、中观和宏观三个层面构建了普惠金融的框架体系。普惠金融在微观层面，强调要为所有人提供金融服务，体现金融服务的包容性；在中观层面，依托数字技术不断完善金融基础设施和制度体系，扩大金融服务规模，提高金融交易效率，降低交易成本；在宏观层面，注重从总体入手，做好顶层设计，放宽准入条件，创新金融产品，着眼构建多形式的农村普惠金融体系。

二、农村金融理论发展与农民增收

（一）金融中介理论与农民增收

金融中介理论是指金融中介机构通过融通资金、提供信用、管理风险等方式，将资金从资金提供方转移至资金需求方，从而实现经济运行和社会发展的基础理论。在金融中介过程中，金融中介机构可以通过控制风险和提高效率，为客户提供优质的金融产品和服务，从而促进经济增长和社会发展。

对于农民增收来说，金融中介机构可以通过为农民提供贷款和理财服务，帮助他们实现经济增长和财富增值。此外，金融中介机构可以通过提供专业的金融知识和咨询服务，帮助农民更好地了解市场和投资机会，使他们可以更加理性地进行农业生产和经济管理，从而实现农民增收。

（二）金融发展理论与农民增收

金融发展理论认为，金融市场的健康发展可以提高经济效率、促进经济增长和减轻贫困。在这种理论的框架下，金融市场的发展不仅会造福于企业和个人，还会直接或间接地影响农民增收。

第一，发展金融市场可以提供更多的融资渠道和金融产品，这有助于为农民提供更好的资金支持，有助于提高生产力和劳动力。第二，金融市场的发展会增加经济活动和交易，从而扩大范围和规模，进而产生更多的机会和利润，促进农民收入的增长和稳定。第三，金融发展理论强调金融市场对于信息和风险管理的作用，优化资源配置，这有助于促进农业经济规模化、现代化的发展，提高农民的经济效益，达到农民增收的目的。第四，金融市场的发展会对农村地区的基础设施建设和社会福利的提高产生积极作用。例如，金融市场的发展可以为农村地区的基础设施投资提供更多的融资渠道和投资机会，加强对农村道路、桥梁、电力等基本设施的投入，从而促进农民的生产力提升和农村的经济发展。第五，金融市场的发展可以为农民提供更为细致的金融服务和更广泛的社会保障体系，包括农村养老、医疗、失业保险等，提高农民的福利水平和幸福感。

（三）数字经济理论与农民增收

数字经济理论认为，数字技术的发展和应用将极大地改变经济和社会的运行方式，并创造新的增长和增值点。在数字经济的框架下，数字技术可以为农民提供更多丰富的金融服务，促进农业现代化和农村经济的发展，从而实现农民增收的目标。

首先，数字技术可以为农民提供更加便捷和高效的金融服务。通过数字化平台，农民可以方便地获取各种金融产品和服务，包括贷款、保险、投资理财等。数字技术还可以实现金融服务的全流程和全方位在线化，方便农民随时随地享受金融服务，提高金融服务的质量和效率，增加农民的收入和利益。

其次，数字技术可以为农业生产提供更为精准和高效的服务。例如，数字化农业可以提高农业的生产效率和产量，减少生产成本和劳动力成本，从而达到增加农民收入的目的。使用数字技术进行农业生产还可以实现智能化和数据化管理，并能够更好地对农产品进行生产和销售的监管和追溯，提高农产品的质量和安全性。

最后，数字技术可以推动农村地区的创新和创业。通过数字化平台，农民可以了解市场需求和投资机会，开展农产品加工、电商等业务，增加就业机会，增加收入来源。

总之，数字技术具有为农民提供高效、便捷的金融服务和提高农业生产效率与质量等优势。深入推行数字化发展战略、提高数字科技的应用水平，对于实现农民增收有很大的推动作用。

第三节　数字普惠金融发展对农民增收的影响

数字普惠金融通过数字技术和金融创新，让更多的人可以获得金融服务。数字普惠金融对农民增收的直接影响表现为，数字普惠金融为农民和企业提供有效的金融服务，激发涉农产业发展潜力，促进农业经济发展，进而增强农村的内生增长动力，促进农民持续增收。传统金融的排斥性，造成解决"三农"问题所需要的金融服务缺乏普适性，这在一定程度上阻碍了农业农村的经济发展和农民增收。数字普惠金融依托数字平台开展金融服务，减少了金融服务对物理网点的依赖，消除了金融服务的时空限制，扩大了金融服务的包容性，通过网络支付、网络理财、互联网保险等方式为农村经济发展提供综合性金融支持，从而提高了农村资源配置效率，促使农业产业化水平提高。总之，在数字经济时代，数字普惠金融已是促进农业农村经济发展的重要条件，对农民持续增收具有很大影响。

一、数字普惠金融发展对农民增收的直接影响

（一）数字普惠金融刺激农民金融需求

数字普惠金融发展使金融交易流程可以在线完成，流程简化，服务快捷，有效降低农民办理金融服务的时间成本和交通成本，并可通过移动终端为农民提供财经资讯和相关的金融知识，便于农民及时了解自己所需的金融产品，降低学习和参与金融服务的成本。这些促使金融服务更加友好，农民体验感更好，也促使新商业模式不断涌现，不断繁荣在线商务，激发农民新的金融需求。同时，随着数字普惠金融发展，农村金融市场竞争加剧，金融机构通过信息技术不断创新金融产品和服务，填补传统金融市场的空白，满足融资功能不同、抵押担保条件不同的群体对金融产品和服务的多样化需求，进一步减少农民的信贷约束，为解决"三农"问题提供融资成本低、效率高、可持续的金融服务。这在一定程度上缓解了传统金融的排斥性，扩大了资金融通的普惠性，刺激了农民的金融需求。

（二）数字普惠金融增加农村金融供给

突破时空限制的价值交换是数字金融的核心。传统金融交易体系受物理网点布局影响较大，农村金融业务拓展成本较高，使多层次的农村金融服务普及性不够，难以触及广大农村区域，尤其是金融市场落后的偏远山区。传统金融机构为追求运营效率，降低成本，不愿将信贷资金发放给分散的小微企业，特别是对农村地区的金融供给不愿增加，同时由于信息不对称，收集农户信用信息较难，信用贷款的监督和风险管理难度较大，使传统金融机构面向农村的金融供给不断减少。数字普惠金融基于数字技术开展金融活动，可以脱离物理网点开展远程开户、网络支付和网络借贷等金融业务，降低了金融服务门槛。随着数字普惠金融新业态的出现，运用大数据和人工智能技

术能有效降低收集、处理大量用户数据的成本，提高农村金融服务的精度，有效缓解信息不对称问题。因此，数字普惠金融通过网络借贷、众筹、供应链金融等新业态为农民提供多样化、不同层次的融资服务，提高了农民获取融资服务的可得性，增加了农村金融服务市场的供给，有利于缓解农业农村经济发展的融资难题，进而促进农民持续增收。

（三）数字普惠金融影响农村金融服务和农业生产经营效率

数字普惠金融发展促进了数字支付的发展，通过移动终端设备提供安全、便捷、及时的金融服务，提高了农村金融服务质量，尤其是改善了低收入群体的金融服务效率，充分发挥了数字普惠金融对农业农村经济发展的造血功能。具体而言，数字普惠金融发展在凸显金融服务的普惠性的同时，打破了农村金融服务的"二八定律"，其优势和规模效应越来越明显，提高了支付、理财、贷款、保险及分期等综合性金融服务效率，依托数字普惠金融不断创新金融服务产品和类型，如二维码支付、刷脸支付、指纹支付等方式极大提升了农村金融服务的体验感。同时数字普惠金融推动的直播带货等新商业模式，促进了农产品在线销售，提升了农民链接市场的能力，推进了农业生产的集约化程度，提高了农民和农业企业经营交易效率，进而有利于农民收入增长。

（四）数字普惠金融促使农民直接参与财富管理

理财是居民金融资产配置的重要手段。互联网理财是依托数字技术为居民提供财富管理、资产配置等支持服务。数字普惠金融发展促使了互联网理财模式的兴起，提高了理财服务的可得性和农民的金融素养和理财意识。农民可根据自己的财富情况利用互联网理财平台灵活参与金融投资理财活动。具体而言，互联网投资理财模式具有起投门槛低、周期灵活、操作方便等特点，弥补了传统理财服务市场空白，为更多农民提供理财服务机会。同时，线上理财平台具有信息集成功能，能整合相关金融财政咨询和交易信息，信息透明度更高，有利于农民进行投资决策，选择不同理财产品。另外，数字普惠金融发展促使理财产品设计多样化，满足了农民不同的理财需求，使金融机构精准匹配用户需求，以提高金融机构运行效率和投资管理能力，并实现农民资产保值增值。

数字普惠金融发展还促进了互联网保险发展。相对于支付、理财、融资功能而言，保险具有风险分散的功能。这有利于减少农民家庭面临的未来损失的可能性，提高保障和抵御风险的能力，进而促使家庭收入增加。而在农村地区，尤其是偏远地区，农民的保险意识缺乏，参与保险服务的机会较少，获得保障程度相对较低。在此情况下，农村因病、因灾返贫的情况屡见不鲜。因为农业是农村经济发展的主业，也是农民增收重要来源，而农业面临的自然风险相对较高，农产品市场大都接近完全竞争市场，抵御市场风险能力较弱。互联网保险的发展促进了农业保险的数字化发展，推动了农业农村保险服务的延伸，转移了农民面临的一些自然风险和市场风险，减少了外来风险冲击，为农业农村经济发展提供了有力保障，增加了农民获取稳定经济收入的确定性，对农民持续增收具有重要意义。

二、数字普惠金融发展对农民增收的间接影响

（一）数字普惠金融发展对创业就业的影响

农民返乡创业有利于自身创业增收，同时可以为其他人员提供就业岗位，拓展增收渠道。但在传统金融体系下，农村金融发展具有不少障碍，融资门槛较高，农民创业者难以获取相关的金融服务，导致创业因受金融制约而降低了创业成功率。而数字普惠金融发展提高了农村金融普惠性，降低了金融机构风险管理的成本，促使农村金融需求和供给增加，催生了农村金融

业态和金融产品服务创新，使农村金融功能不断完善，进而有效缓解了农村金融供给不足，促进了农村创业者的资金需求满足，激发了农民创业动力。一旦农民返乡创业成功，其收入来源将从劳务收入转型为经营性收入。尽管从短期来看，创业活动可能带来收入的减少，但是从长期来看，持续的农民创业行为是繁荣农村经济的必要途径，对提高农村家庭的收入水平也是必要的。通过创业活动，农民可以建立起广泛的社会网络关系，为家庭积累社会资本，促进农民创业效果，增加农民收入。

（二）数字普惠金融发展对经济增长的影响

经济增长是积累国民财富、增加居民就业机会的重要途径，也是宏观调控的基本目标。随着经济快速增长，居民收入水平也会随之提高。在数字经济时代，数字普惠金融已成为经济增长的新动力之一。在数字普惠金融不断创新和实践中，数字普惠金融发展的覆盖广度、数字化水平和使用深度不断提升，不断促进经济和产业结构转型升级，已成为服务实体经济的重要方式，这主要表现在数字普惠金融支持技术创新、刺激消费和促进投资等方面。

一是数字普惠金融有助于技术创新。企业持续技术创新是高风险的投资活动，具有投入沉没性，而持续的技术创新活动需要充足的资金作保障。传统金融体系的不均衡发展，具有较强的金融约束，在一定程度上制约了企业的创新活动，抑制了金融服务实体经济的效应。为缓解企业科技创新所面临的融资困境，依托数字技术而生的普惠金融通过精准化匹配客户需求，业务流程标准化，提高了金融服务的效率，进而激发企业的创新热情，不断孵化创新主体，提高创新产出质量。同时数字普惠金融可以通过数字模式将全国市场链接在一起，加速渗透国际市场，扩大创新产品的市场范围，提高交易效率，有利于形成市场正向的反馈效应。

二是数字普惠金融有利于刺激居民消费。随着数字普惠金融发展，金融服务的可得性不断提升，线上支付交易更便捷，预防性储蓄需求进一步降低，有利于促进居民消费。首先是以支付宝、微信等互联网第三方支付的不断发展为代表，数字普惠金融的普及性和包容性进一步彰显，居民消费对现金的依赖度越来越低，节约了交易时间和成本，提升了居民消费的体验感，为居民消费注入了新的动力，从而提高了消费水平。其次，数字普惠金融发展衍生出众多消费金融服务平台，创新出分期购物消费、分期贷款等数字金融服务模式，增加了金融的流动性，促使互联网消费金融快速增长，推动了消费升级。最后，数字普惠金融降低预防性货币需求。通常，人们为应对未来的不确定性支出，会增加预防性储蓄，减少消费支出。数字普惠金融发展促使在线保险等新业态快速发展，使社会保障水平不断提高，有效转移了居民面临的风险，降低了预防性储蓄需求，进而提高了居民消费支出。

三是数字普惠金融加速投资活动。社会资金的聚集与配置是金融的基本功能之一。数字普惠金融发展增加了数字技术和大数据应用场景，缓解了金融市场信息不对称，促使资金精准匹配，提高了投资效率，降低了贷款信用风险。数字普惠金融的崛起，加速了金融市场的竞争，改变了金融业的竞争格局，促使传统金融机构不断转型来应对挑战，布局金融科技，提升了金融服务实体经济的能力和效率。总之，数字普惠金融通过促进经济增长，对农民增收形成了间接影响。

第三章 湖南省县域数字普惠金融发展助力农民增收的现实分析

第一节　湖南省县域数字普惠金融发展状况

一、湖南省县域数字普惠金融发展的总体情况

（一）湖南省县域数字普惠金融发展总体水平不断提升

根据北京大学数字金融研究中心发布的数字普惠金融指数，本研究对湖南省 122 个县域数字普惠金融发展程度进行统计，对其发展趋势进行分析（见表 3.1），结果表明，湖南省县域数字普惠金融指数总体水平不断提升，其均值由 2016 年的 89.49 上升到 2021 年的 115.07，但其指数的标准差由 2016 年的 5.16 增加到 2021 年的 6.29。这意味着湖南省各县域数字普惠金融发展的差距进一步扩大，其发展水平总体上有待提高，而这与湖南省县域数字技术基础设施的普及率和数字普惠金融素养等因素密不可分。截至 2022 年，湖南省城镇受访者数字支付使用率超过 90%，比农村受访者高 15%。而数字普惠金融服务使用率与在线支付使用密切相关，所以无论是数字普惠金融指数靠前的县还是靠后的县，总体发展水平的提升空间较大。

表 3.1　2016—2021 年湖南省县域数字普惠金融指数描述性统计

年份	最小值	最大值	均值	中位数	标准差
2016	80.34	105.04	89.49	87.93	5.16

年份	最小值	最大值	均值	中位数	标准差
2017	95.05	122.92	104.21	102.37	5.92
2018	93.78	125.45	103.67	101.46	7.19
2019	101.17	132.38	110.50	108.18	7.13
2020	132.38	133.98	113.07	110.83	6.71
2021	106.38	134.99	115.07	112.73	6.29

（二）湖南省县域数字普惠金融时间演变情况

从湖南省各县域数字普惠金融指数时间演变来看（见图 3.1），2016—2021 年湖南省 122 个县数字普惠金融发展水平整体在提高。从增加幅度来看，保持在 25 ～ 35；从增速来看，前 3 年的增速较快，后 3 年的增速有所回落，由高速增长转变为常态化增长。

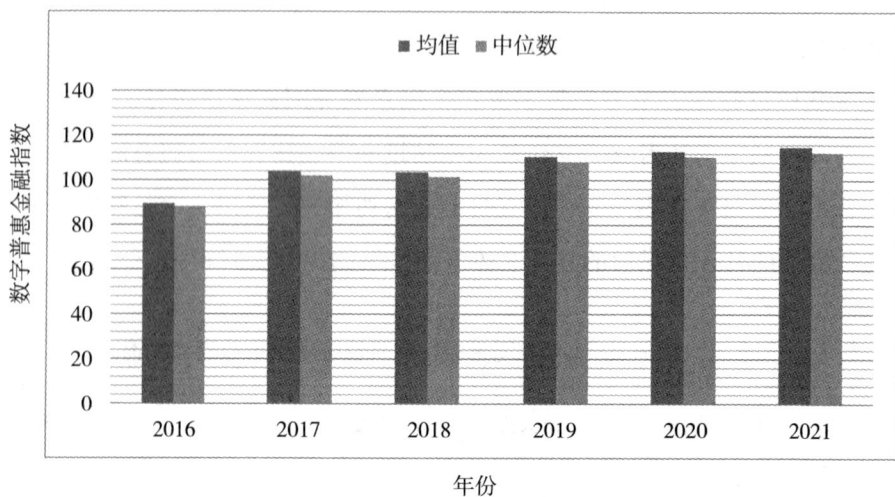

图 3.1　2016—2021 年湖南省县域数字普惠金融指数均值和中位数

（三）湖南省县域数字普惠金融空间演变情况

由表 3.2 可知，2016—2021 年湖南省长株潭城市群的县域数字普惠金融发展水平普遍高于其他城市群，湘西城市群的县域数字惠普金融发展水平较低，与其他城市群的差距较大。不同县域数字普惠金融发展水平存在一定的梯度差异，但发展差距有所缩小。从县域数字普惠金融发展指数中位数情况来看，不同城市群之间县域数字普惠金融的发展水平有一定的差异，大致可分为 4 个层次：第 1 层次县区（大于 126）有岳麓区、开福区、天心区、芙蓉区、雨花区；第 2 层次县区（115～126）有望城区、长沙县、荷塘区、芦淞区、天元区、武陵区、雁峰区、石鼓区、北湖区、鹤城区等；第 3 层次县区（105～114）有宁乡市、醴陵市、湘潭县、韶山市等；第 4 层次县区（105 以下）有君山区、华容县、安乡县、汉寿县等。此外，湖南省县域数字普惠金融的总体发展水平收敛速度趋缓。从发展趋势来看，由于各城市群的县域数字普惠金融服务广度越来越大，经济发展相对落后区域的金融服务明显改善，促使各县域数字普惠金融发展水平差异缩小。

表 3.2 2016—2021 年湖南省县域数字普惠金融指数

城市群	县域	2016	2017	2018	2019	2020	2021
长株潭 城市群	芙蓉区	104.12	121.49	123.49	131.32	131.85	132.62
	天心区	103.72	121.66	123.28	129.87	131.37	131.96
	岳麓区	105.04	122.92	125.45	132.38	133.98	134.99
	开福区	103.49	122.39	124.97	131.06	132.87	133.79
	雨花区	104.90	120.94	123.40	130.12	132.30	133.04
	望城区	97.52	113.54	115.30	123.19	125.89	127.50
	长沙县	98.73	115.04	117.17	125.64	127.58	127.64
	宁乡县	88.18	104.52	104.31	114.10	117.19	117.29
	浏阳市	89.73	103.29	102.60	111.20	115.41	117.60
	荷塘区	93.56	108.56	112.73	121.74	121.46	122.08
	芦淞区	94.60	110.50	113.77	123.08	124.06	124.94
	石峰区	95.45	110.29	111.26	117.27	119.59	123.02
	天元区	101.02	116.02	118.43	126.99	128.82	128.44
	株洲县	87.81	101.19	100.73	107.29	109.16	110.84
	攸县	86.22	99.67	98.37	105.72	109.06	111.59
	茶陵县	80.34	97.72	95.43	103.60	107.03	110.24
	炎陵县	88.77	101.66	100.33	105.96	108.01	110.53
	醴陵市	89.51	102.85	102.68	109.32	111.90	114.38
	雨湖区	97.13	112.03	112.51	118.79	120.60	122.54
	岳塘区	97.32	114.32	115.37	121.23	123.08	124.55
	湘潭县	89.25	104.80	104.52	109.52	112.74	113.73
	湘乡市	87.67	102.84	101.44	108.12	110.82	112.55
	韶山市	93.57	106.32	106.45	112.48	116.09	118.36

城市群	县域	2016	2017	2018	2019	2020	2021
	岳阳楼区	97.60	112.81	113.89	121.24	122.90	124.49
	云溪区	88.71	105.38	103.15	112.25	114.60	119.16
	君山区	86.53	100.64	98.50	105.83	107.56	110.51
	岳阳县	88.63	101.91	99.13	106.94	109.56	111.74
	华容县	88.09	100.60	97.90	106.46	109.20	111.05
	湘阴县	88.95	103.30	102.98	109.85	111.89	113.90
	平江县	86.74	103.39	101.83	108.41	110.56	112.86
	汨罗市	90.11	104.28	103.06	110.47	111.92	113.48
	临湘市	85.11	100.80	101.49	109.24	110.26	112.58
	武陵区	96.40	113.33	114.85	120.94	122.63	124.64
	鼎城区	83.94	102.15	103.16	109.73	112.22	115.20
环洞庭湖城市群	安乡县	88.69	101.53	99.27	107.07	115.26	114.77
	汉寿县	87.29	101.41	100.70	106.51	108.62	110.59
	澧县	87.08	102.38	101.38	108.32	110.79	112.60
	临澧县	86.72	100.71	99.89	106.58	109.02	110.83
	桃源县	88.22	102.35	102.13	107.17	108.71	110.37
	石门县	89.26	103.86	103.40	110.01	112.43	115.00
	津市市	91.85	105.38	105.65	110.97	113.37	115.20
	资阳区	85.85	101.68	101.12	108.66	111.24	113.57
	赫山区	89.13	107.47	109.19	116.09	117.89	120.10
	南县	86.67	102.09	99.64	106.08	108.61	111.71
	桃江县	86.57	100.25	98.98	107.20	107.28	110.38
	安化县	87.29	101.28	99.51	104.27	108.16	109.74
	沅江市	87.47	101.67	100.71	107.27	110.85	113.13

续　表

城市群	县域	2016	2017	2018	2019	2020	2021
湘南城市群	珠晖区	97.82	110.64	111.25	116.68	118.13	119.88
	雁峰区	94.32	111.97	115.59	120.91	122.37	123.04
	石鼓区	95.72	110.88	113.44	119.42	120.98	122.60
	蒸湘区	99.55	116.63	116.83	124.02	125.61	126.32
	南岳区	94.12	107.71	106.38	113.44	115.80	117.72
	衡阳县	85.04	98.13	96.43	103.95	107.05	109.14
	衡南县	84.33	98.68	96.64	104.30	108.35	110.46
	衡山县	86.48	101.50	97.20	105.74	109.83	110.99
	衡东县	86.57	99.63	99.49	106.47	110.15	112.02
	祁东县	85.30	100.46	99.82	108.03	110.93	114.09
	耒阳市	88.62	104.24	104.52	109.44	110.80	113.57
	常宁市	87.29	101.27	99.75	107.63	110.38	113.01
	北湖区	95.45	112.58	114.34	118.82	121.98	124.15
	苏仙区	93.02	109.55	110.55	115.10	117.65	120.35
	桂阳县	85.23	100.45	99.59	103.46	107.42	111.00
	宜章县	87.33	103.27	102.98	106.26	108.62	111.90
	永兴县	86.47	100.05	98.15	103.29	106.93	110.71
	嘉禾县	89.24	103.61	103.02	108.87	111.52	112.34
	临武县	87.01	102.76	102.18	103.61	107.97	112.41
	汝城县	89.51	104.00	102.55	108.96	111.35	113.43
	桂东县	86.35	99.91	100.32	104.70	107.54	111.64
	安仁县	86.42	99.44	94.72	101.38	106.38	110.19
	资兴市	91.48	105.10	105.51	110.39	113.06	116.54
	零陵区	91.35	106.57	104.55	111.71	113.75	115.34
	冷水滩区	95.71	110.77	109.83	116.52	119.61	121.83
	祁阳县	89.63	102.48	101.84	108.43	110.95	112.95
	东安县	87.76	101.79	100.09	106.46	109.48	111.56
	双牌县	88.82	101.55	96.82	106.15	109.39	110.64
	道县	85.21	101.51	100.61	106.81	108.65	110.98
	江永县	92.30	102.73	100.99	107.15	109.96	112.09
	宁远县	85.08	101.72	103.40	108.79	110.95	112.45
	蓝山县	86.86	103.34	103.80	109.10	110.87	112.36
	新田县	85.55	102.41	101.16	109.44	111.70	113.59
	江华县	89.81	105.10	105.96	111.16	113.45	114.92

城市群	县域	2016	2017	2018	2019	2020	2021
湘西城市群	鹤城区	96.34	110.58	112.32	119.12	121.59	122.68
	中方县	86.24	98.73	99.08	106.08	107.76	108.24
	沅陵县	84.48	99.98	98.59	104.47	108.80	110.28
	辰溪县	83.70	99.63	97.67	104.91	108.30	110.38
	溆浦县	83.94	99.56	97.66	104.47	108.92	110.07
	会同县	85.68	99.74	97.39	105.47	108.66	110.07
	麻阳县	86.98	99.46	101.03	108.17	110.72	112.06
	新晃县	85.44	101.40	101.18	106.57	110.14	110.92
	芷江县	88.71	101.43	101.16	107.90	110.72	112.40
	靖州县	87.22	101.52	99.90	108.20	111.87	114.29
	通道县	85.92	101.14	100.49	106.96	111.33	113.22
	洪江市	88.14	101.53	98.53	105.82	109.70	111.91
	娄星区	94.58	110.65	110.96	119.76	120.48	121.84
	双峰县	85.21	98.99	97.27	105.20	108.08	110.82
	新化县	83.69	99.35	98.63	105.61	108.28	110.12
	冷水江市	88.13	103.44	103.87	110.66	112.72	114.67
	涟源市	85.84	97.77	93.89	103.27	106.13	109.25
	吉首市	94.07	108.53	108.21	114.98	119.03	119.82
	泸溪县	84.08	98.67	97.73	104.64	107.40	110.59
	凤凰县	88.21	102.97	102.84	108.35	111.00	112.93
	花垣县	88.00	99.38	99.26	105.36	108.39	111.64
	保靖县	83.32	96.05	96.45	108.08	105.14	108.70
	古丈县	84.50	98.58	97.59	104.91	108.18	111.16
	永顺县	82.56	97.15	93.99	101.17	105.05	106.84
	龙山县	85.48	98.93	97.61	104.92	108.54	110.56
	永定区	92.93	109.72	110.77	116.13	117.75	118.70
	武陵源区	93.05	107.78	109.23	114.40	114.25	115.38
	慈利县	87.52	102.84	101.55	107.98	110.09	111.67
	桑植县	85.51	99.32	98.03	104.72	106.53	108.43
	双清区	90.68	105.77	105.24	113.00	116.28	120.31
	大祥区	94.45	109.05	108.85	115.02	116.85	118.69
	北塔区	92.05	107.08	105.85	112.93	117.06	118.62
	邵东县	87.87	102.40	102.16	109.53	112.32	114.60
	新邵县	84.68	98.16	95.69	102.86	106.04	109.09
	邵阳县	83.05	95.05	93.78	101.72	104.30	106.38
	隆回县	85.13	99.29	96.14	104.54	107.58	108.88
	洞口县	87.82	100.81	98.23	106.14	109.42	111.00
	绥宁县	85.50	98.89	95.46	102.00	105.13	107.30
	新宁县	85.19	97.87	95.61	103.61	106.03	108.75
	城步县	85.77	98.05	96.31	102.82	105.02	107.15
	武冈市	85.26	98.37	96.07	104.49	107.40	110.06

（四）湖南省县域数字普惠金融赋能传统金融机构转型

随着数字普惠金融新业态出现，在线支付、互联网借贷、数字理财和互联网保险等金融服务在县域服务的广度和深度都有所提升，充分体现了数字普惠金融的优势，并促使传统金融机构转型。传统金融机构不断利用数字技术，提高金融服务的可获得性和包容性，以促进资金回流县域，支持县域经济高质量发展。同时，数字普惠金融发展有助于大数据应用与管理，如便于县域政务和民生数据的收集和利用。数字普惠金融也有利于征信系统的完善，避免出现信息孤岛，以提高数字信用评级和在线信贷的效率，扩大客户基础，有效缓解信息不对称，提升对县域数字普惠金融服务的广度和深度。数字普惠金融赋能传统金融机构转型过程中也带来了金融风险，主要表现为传统金融支付、结算和信贷活动的金融安全相对较高，而数字金融业务通常需要第三方机构担保来规避信用风险。部分金融科技平台有时为提高交易的便捷性而放低了交易的门槛，降低了对用户的识别强度。

（五）湖南省县域数字普惠金融素养区域差异较大

随着数字普惠金融业务的普及，湖南省县域居民的数字金融素养普遍提升，但不同县域居民的数字金融素养差异较大。其中，从事非农经营的居民的数字金融素养普遍较高，对市场中各类数字普惠金融产品了解较多，也能熟练在线操作，通常拥有多个金融机构的在线授信，也参与数字保险、数字理财等金融服务领域。而生活局限于农村的居民普遍具有较差的数字金融素养，在日常生活中偏好传统金融机构的固定实体网点的服务。这除受到农村地区互联网基础设施影响外，还由于他们缺乏对数字金融普惠金融服务在线操作的相关素养。

二、湖南省县域数字普惠金融各维度发展情况

根据北京大学数字普惠金融研究中心的报告，数字普惠金融发展情况主要从数字普惠金融的覆盖广度、数字普惠金融的使用深度以及数字普惠金融的数字化程度三个维度进行考察。因此，本书从上述三个维度分别对湖南省县域数字普惠金融发展情况进行分析。

（一）湖南省县域数字普惠金融覆盖广度情况

从湖南省县域数字普惠金融覆盖广度（见表3.3）来看，2016—2021年湖南省县域数字普惠金融覆盖广度指数排名靠前的有岳麓区、雨花区、芙蓉区，它们近年来在数字普惠金融覆盖广度方面保持较高水平。邵阳县、衡阳县、宁远县在县域数字普惠金融服务广度相对落后。宁远县、桂东县、云溪区这几年综合排名上升较快。从区域来看，长株潭城市群县域数字普惠金融覆盖广度指数普遍较高，湘西城市群的覆盖广度指数相对较低。

表 3.3　2016—2021 年湖南省县域数字普惠金融覆盖广度指数

城市群	县域	2016	2017	2018	2019	2020	2021
长株潭城市群	芙蓉区	107.60	108.01	106.96	109.03	110.15	107.81
	天心区	106.46	107.88	107.34	109.36	110.52	106.96
	岳麓区	109.25	110.07	109.63	112.00	113.76	108.87
	开福区	106.56	107.18	106.69	108.82	110.39	107.84
	雨花区	108.36	108.92	108.18	110.44	111.92	108.20
	望城区	99.23	101.20	101.17	104.27	107.21	103.89
	长沙县	104.23	104.82	104.03	106.28	108.19	103.93
	宁乡县	91.52	92.84	91.08	94.98	96.85	94.73
	浏阳市	92.94	94.36	91.78	95.68	98.22	95.71
	荷塘区	100.17	100.50	99.18	101.52	103.09	99.83
	芦淞区	101.29	101.66	100.49	102.32	103.63	101.48
	石峰区	97.09	98.78	97.64	99.27	100.92	101.47
	天元区	104.19	105.12	104.76	106.89	108.57	104.04
	株洲县	86.62	87.49	85.58	88.47	89.99	88.32
	攸县	86.34	87.28	85.56	88.79	90.87	89.03
	茶陵县	84.01	85.55	84.10	87.12	89.42	88.41
	炎陵县	86.99	88.18	86.82	89.28	90.83	89.38
	醴陵市	88.66	89.48	87.26	90.77	92.87	91.15
	雨湖区	97.57	99.38	98.09	100.35	102.00	100.22
	岳塘区	100.23	101.24	100.17	102.04	103.67	101.82
	湘潭县	90.84	91.76	90.23	92.18	94.40	92.72
	湘乡市	87.82	88.31	86.36	89.58	91.87	90.51
	韶山市	93.50	94.03	92.92	95.38	97.50	95.65

城市群	县域	2016	2017	2018	2019	2020	2021
环洞庭湖城市群	岳阳楼区	99.39	100.16	99.08	101.57	103.26	100.67
	云溪区	91.52	92.09	90.40	94.04	97.37	97.23
	君山区	85.90	86.19	84.19	87.79	89.86	88.28
	岳阳县	86.03	86.26	83.71	87.68	90.22	89.27
	华容县	84.85	85.10	83.04	87.01	89.15	87.48
	湘阴县	87.72	88.17	86.38	89.91	92.12	90.96
	平江县	87.93	88.54	86.46	90.55	92.93	90.41
	汨罗市	88.64	89.75	87.96	91.24	93.20	91.78
	临湘市	87.68	88.28	86.33	89.61	91.69	90.08
	武陵区	97.98	99.40	98.79	100.86	102.43	101.07
	鼎城区	85.32	88.59	88.05	90.94	93.02	90.90
	安乡县	84.50	84.91	83.52	86.27	88.10	86.00
	汉寿县	86.89	87.56	85.61	89.00	91.17	88.72
	澧县	86.87	88.09	86.50	89.99	92.05	89.53
	临澧县	86.61	87.13	85.79	89.46	91.46	89.33
	桃源县	86.46	87.64	86.21	89.29	91.14	88.31
	石门县	87.60	88.80	88.05	91.02	93.22	91.01
	津市市	88.14	89.03	88.09	91.11	92.91	91.46
	资阳区	88.39	89.40	87.48	90.64	92.88	91.38
	赫山区	93.97	95.80	94.40	96.80	98.71	96.37
	南县	84.01	85.00	82.35	86.39	88.48	87.23
	桃江县	86.09	86.81	84.42	88.06	89.77	87.47
	安化县	86.00	86.64	84.26	87.54	89.81	87.66
	沅江市	86.46	87.32	84.81	88.18	90.58	89.18

续　表

城市群	县域	2016	2017	2018	2019	2020	2021
湘南城市群	珠晖区	98.18	98.50	96.66	98.71	100.42	97.78
	雁峰区	99.82	99.96	98.01	101.28	102.50	99.23
	石鼓区	98.59	98.81	97.07	99.85	101.82	99.78
	蒸湘区	103.42	104.65	103.11	105.41	107.13	103.08
	南岳区	95.01	95.28	93.99	96.90	98.22	95.00
	衡阳县	83.34	83.36	79.96	84.84	86.87	85.13
	衡南县	83.78	84.15	80.79	85.04	87.37	85.88
	衡山县	86.18	86.48	83.59	87.85	90.13	88.33
	衡东县	85.32	86.04	83.43	87.06	89.12	87.65
	祁东县	83.87	84.94	82.46	86.80	89.25	88.56
	耒阳市	87.59	88.74	87.14	90.40	91.52	89.88
	常宁市	85.68	86.65	84.51	88.88	91.06	89.24
	北湖区	101.53	102.54	101.18	102.44	104.71	101.24
	苏仙区	96.05	96.83	95.13	97.24	99.60	97.82
	桂阳县	86.71	87.87	85.40	88.06	91.24	88.39
	宜章县	87.76	89.00	86.63	89.36	92.01	89.96
	永兴县	86.56	87.25	84.28	87.31	90.09	87.04
	嘉禾县	88.35	89.41	86.39	90.20	92.59	89.08
	临武县	85.36	86.75	84.61	86.87	89.72	89.55
	汝城县	88.81	90.00	87.95	91.40	93.27	90.14
	桂东县	84.69	86.41	84.04	86.91	89.07	89.04
	安仁县	85.61	86.10	83.76	86.64	89.85	87.88
	资兴市	90.22	91.24	89.56	92.38	94.56	92.84
	零陵区	90.81	92.07	90.09	92.95	94.99	92.12
	冷水滩区	95.33	96.55	94.82	97.86	100.06	97.39
	祁阳县	86.01	86.64	84.63	88.32	90.61	87.78
	东安县	84.46	85.36	83.02	87.13	89.36	87.13
	双牌县	84.11	85.16	81.01	86.31	89.38	87.97
	道县	85.19	86.14	84.31	87.97	90.05	86.93
	江永县	87.26	88.31	84.61	89.10	91.54	88.64
	宁远县	83.40	86.59	85.02	88.52	90.67	88.01
	蓝山县	87.02	87.86	85.79	89.66	91.68	88.44
	新田县	86.22	87.46	86.55	90.14	91.88	89.04
	江华县	89.02	90.14	88.42	91.67	94.17	91.11

城市群	县域	2016	2017	2018	2019	2020	2021
湘西城市群	鹤城区	99.27	100.01	98.82	101.48	103.17	99.72
	中方县	84.98	86.98	84.34	88.84	91.24	87.00
	沅陵县	84.25	85.56	83.84	87.13	89.43	87.40
	辰溪县	84.89	85.84	83.04	87.13	89.30	86.62
	溆浦县	85.53	86.33	83.58	87.66	90.18	86.26
	会同县	85.52	86.52	83.70	88.03	89.98	87.12
	麻阳县	86.72	88.12	87.35	90.07	91.93	89.31
	新晃县	87.16	87.76	85.88	89.27	91.01	88.19
	芷江县	87.44	88.29	86.26	89.67	91.67	89.34
	靖州县	88.59	89.36	86.09	90.57	93.03	90.55
	通道县	88.54	89.66	87.99	91.40	93.41	90.27
	洪江市	87.13	88.36	83.97	88.85	91.16	88.85
	娄星区	100.07	100.57	99.12	101.93	104.09	99.78
	双峰县	85.50	85.80	84.02	87.50	89.53	88.57
	新化县	86.29	87.96	85.68	89.69	91.89	88.91
	冷水江市	91.57	92.56	90.43	93.78	95.50	93.23
	涟源市	85.64	85.53	82.19	87.59	90.08	88.69
	吉首市	98.79	99.91	98.90	100.70	103.06	99.48
	泸溪县	84.90	86.05	84.56	87.82	89.76	88.10
	凤凰县	88.15	89.91	89.08	92.21	93.23	91.17
	花垣县	86.98	88.68	87.23	89.44	91.84	90.74
	保靖县	84.12	85.12	83.04	86.33	88.43	86.96
	古丈县	86.77	88.50	87.18	89.78	91.56	90.53
	永顺县	85.89	87.26	86.09	88.63	90.53	87.82
	龙山县	86.84	88.55	87.02	90.43	92.96	90.42
	永定区	96.81	98.16	97.36	99.62	101.67	98.55
	武陵源区	95.38	96.98	94.99	97.16	97.99	94.91
	慈利县	87.39	88.44	86.64	90.23	92.46	90.14
	桑植县	86.52	87.64	86.26	89.31	91.43	88.92
	双清区	94.08	94.65	92.88	96.37	98.74	97.35
	大祥区	97.57	97.92	95.80	98.39	100.31	97.19
	北塔区	93.09	94.74	93.17	97.04	99.58	96.45
	邵东县	89.56	90.21	87.70	91.82	94.15	90.65
	新邵县	83.82	84.22	81.59	86.23	88.52	86.97
	邵阳县	81.31	81.76	79.35	84.11	86.80	84.31
	隆回县	84.44	84.93	81.87	86.87	89.21	86.31
	洞口县	85.09	85.42	83.15	87.82	90.23	88.05
	绥宁县	84.41	84.62	82.00	86.21	88.53	86.22
	新宁县	84.62	85.51	82.68	87.54	89.76	87.41
	城步县	84.74	85.75	83.30	86.96	88.93	86.18
	武冈市	84.53	85.06	81.75	87.21	89.49	87.68

数据来源：北京大学数字普惠金融研究中心。

（二）湖南省县域数字普惠金融使用深度情况

从湖南省县域数字普惠金融使用深度来看，如表3.4所示，2016—2021年湖南省县域数字普惠金融使用深度指数排名靠前的有开福区、雨花区、岳麓区，它们近年来在数字普惠金融使用深度方面保持较高水平。永顺县、茶陵县、保靖县在县域数字普惠金融使用深度相对落后。从指数排名来看，上升较快的县市区有保靖县、望城区等。从区域来看，2016年湖南省县域数字普惠金融使用深度指数超过100的31个县市区中，长株潭城市群占有14个，环洞庭湖城市群5个，湘南城市群10个，湘西城市群2个。它们在2016—2021年县域数字普惠金融使用深度方面都出现了一定程度的上升。

表3.4　2016—2021年湖南省县域数字普惠金融使用深度指数

城市群	县域	2016	2017	2018	2019	2020	2021
长株潭城市群	芙蓉区	114.04	154.82	157.66	157.66	175.16	182.26
	天心区	112.58	153.45	157.26	157.26	175.12	182.17
	岳麓区	112.36	154.82	159.98	159.98	178.54	187.31
	开福区	117.95	158.05	161.21	161.21	180.09	186.26
	雨花区	112.96	152.42	155.66	155.66	175.79	183.37
	望城区	102.50	139.47	140.65	140.65	164.45	173.24
	长沙县	103.11	140.04	142.73	142.73	164.84	172.38
	宁乡县	97.08	129.82	125.79	125.79	152.87	155.83
	浏阳市	94.76	125.64	119.64	119.64	145.14	156.93
	荷塘区	103.09	137.09	137.48	137.48	156.09	163.22
	芦淞区	107.22	141.08	141.77	141.77	162.46	169.36
	石峰区	102.43	132.60	134.67	134.67	154.66	161.49
	天元区	107.32	143.90	148.08	148.08	169.64	174.83
	株洲县	93.03	126.52	121.50	121.50	140.38	148.25
	攸县	91.94	123.51	118.27	118.27	138.12	148.98
	茶陵县	84.23	120.27	116.37	116.37	137.07	145.61
	炎陵县	98.38	128.32	122.99	122.99	138.18	146.50
	醴陵市	98.09	129.05	124.76	124.76	144.60	155.25
	雨湖区	100.52	135.29	137.88	137.88	156.55	166.22
	岳塘区	105.38	141.52	143.22	143.22	161.92	166.80
	湘潭县	92.74	127.50	125.33	125.33	142.23	147.70
	湘乡市	99.68	130.41	123.93	123.93	143.31	151.11
	韶山市	102.49	132.43	128.97	128.97	150.79	160.40

城市群	县域	2016	2017	2018	2019	2020	2021
环洞庭湖城市群	岳阳楼区	106.00	142.40	143.55	157.41	160.82	168.59
	云溪区	99.13	129.64	126.92	143.63	148.11	159.05
	君山区	96.04	128.15	121.27	136.37	140.24	150.40
	岳阳县	97.85	128.56	123.09	134.84	139.90	148.66
	华容县	97.02	129.82	121.90	136.53	143.12	150.24
	湘阴县	98.43	130.70	128.25	139.29	144.13	152.87
	平江县	96.14	132.56	129.37	138.76	142.60	154.03
	汨罗市	98.19	130.60	126.25	137.51	143.13	152.24
	临湘市	99.53	132.42	126.73	138.86	143.04	154.31
	武陵区	105.21	142.65	145.07	158.57	162.50	170.18
	鼎城区	88.23	127.67	126.08	141.57	146.76	157.29
	安乡县	97.77	129.96	123.87	141.95	168.04	168.44
	汉寿县	94.21	125.46	120.47	133.64	140.88	149.96
	澧县	94.54	128.61	124.65	137.58	144.71	154.21
	临澧县	96.33	124.80	121.16	133.79	139.56	147.36
	桃源县	95.79	128.71	125.20	135.25	139.51	146.99
	石门县	97.90	131.82	128.49	140.02	145.75	155.45
	津市市	103.11	136.95	134.57	146.00	150.75	158.22
	资阳区	97.90	129.81	122.35	138.37	145.05	152.91
	赫山区	105.89	139.42	136.92	152.08	156.50	164.96
	南县	101.37	134.02	125.09	135.58	142.28	153.58
	桃江县	98.02	126.02	119.74	133.06	139.20	149.42
	安化县	91.91	124.72	118.43	130.42	138.50	146.92
	沅江市	99.32	131.89	125.31	136.24	145.37	155.16

城市群	县域	2016	2017	2018	2019	2020	2021
湘南城市群	珠晖区	103.06	132.78	134.02	148.41	152.03	158.43
	雁峰区	105.65	137.54	140.10	155.52	160.68	167.83
	石鼓区	102.15	136.40	138.63	153.94	157.96	164.04
	蒸湘区	103.05	141.34	142.67	158.80	164.05	172.56
	南岳区	103.58	137.65	133.68	146.05	153.57	161.88
	衡阳县	92.52	121.95	115.78	130.71	138.45	148.49
	衡南县	90.94	120.71	115.30	131.63	140.46	150.35
	衡山县	95.49	128.25	119.79	134.14	141.14	150.63
	衡东县	94.57	127.88	122.93	136.49	145.11	153.72
	祁东县	93.90	131.22	127.22	140.16	148.31	158.95
	耒阳市	100.01	133.70	131.20	142.92	148.18	155.89
	常宁市	95.76	127.49	123.71	137.12	143.39	153.88
	北湖区	101.16	139.04	139.55	150.06	157.57	168.41
	苏仙区	98.21	134.07	134.65	146.42	152.38	162.37
	桂阳县	87.67	121.86	118.24	124.89	133.78	148.54
	宜章县	93.34	127.13	123.77	132.62	138.30	150.45
	永兴县	90.47	123.37	115.29	126.09	134.59	148.14
	嘉禾县	95.24	127.79	124.75	136.79	143.60	151.93
	临武县	92.10	126.58	123.31	129.14	138.64	152.44
	汝城县	98.00	128.91	127.37	139.34	142.84	153.90
	桂东县	99.39	127.70	123.43	131.85	138.59	150.20
	安仁县	92.97	122.70	114.02	125.16	136.19	148.24
	资兴市	98.86	131.47	128.25	139.79	146.30	156.37
	零陵区	93.39	127.68	126.02	140.95	148.27	157.11
	冷水滩区	102.34	137.37	136.40	149.68	157.70	167.40
	祁阳县	100.48	131.84	126.62	139.68	147.00	155.86
	东安县	100.01	129.10	123.53	134.96	144.99	154.77
	双牌县	96.35	128.45	116.00	131.80	139.77	147.08
	道县	91.09	124.10	122.47	134.73	140.28	151.84
	江永县	97.90	128.94	122.02	133.36	141.97	153.25
	宁远县	91.22	130.02	127.34	139.35	146.30	155.34
	蓝山县	95.00	129.75	128.27	137.46	142.18	152.75
	新田县	97.48	129.77	126.45	138.71	146.52	156.01
	江华县	96.38	130.08	129.15	140.07	145.46	155.82

城市群	县域	2016	2017	2018	2019	2020	2021
湘西城市群	鹤城区	100.50	135.75	136.44	151.57	157.76	166.16
	中方县	89.07	117.50	114.34	129.78	135.46	141.79
	沅陵县	92.05	125.86	122.02	134.44	140.34	148.40
	辰溪县	91.89	124.49	117.63	131.17	137.81	150.12
	溆浦县	91.71	122.54	116.07	131.47	139.98	149.34
	会同县	91.01	125.88	118.05	133.02	139.62	148.11
	麻阳县	90.79	125.37	124.34	137.24	142.45	150.67
	新晃县	91.50	126.04	122.15	132.60	139.15	147.53
	芷江县	95.59	125.68	122.45	134.00	140.37	149.61
	靖州县	94.53	126.42	121.53	136.91	143.57	155.72
	通道县	87.79	122.50	119.43	133.23	140.17	151.43
	洪江市	93.54	127.24	120.21	134.24	141.63	150.35
	娄星区	99.59	132.68	134.05	149.68	154.72	164.49
	双峰县	91.04	122.49	118.03	130.91	140.04	150.36
	新化县	87.43	122.58	116.67	129.53	137.64	147.79
	冷水江市	94.96	130.20	124.73	137.82	144.74	154.31
	涟源市	89.42	118.16	111.44	127.65	135.93	146.80
	吉首市	93.73	128.04	130.57	141.80	150.17	159.11
	泸溪县	87.22	120.91	120.06	131.82	137.07	148.15
	凤凰县	94.01	128.62	125.60	133.51	139.42	149.50
	花垣县	86.47	118.82	117.52	127.70	133.90	143.14
	保靖县	84.46	115.86	112.75	126.44	130.63	144.88
	古丈县	86.13	117.07	114.26	127.95	135.70	144.50
	永顺县	82.41	112.03	109.56	120.54	127.07	136.85
	龙山县	84.72	116.99	114.86	128.77	134.40	144.69
	永定区	97.48	134.10	134.68	145.76	149.79	155.34
	武陵源区	93.06	133.45	134.06	145.69	146.45	153.18
	慈利县	94.45	128.87	123.88	134.10	140.19	148.46
	桑植县	85.58	118.10	114.07	128.12	132.75	140.92
	双清区	98.06	130.64	126.40	141.72	151.02	162.85
	大祥区	97.88	131.16	129.94	144.45	150.04	157.91
	北塔区	100.18	132.99	127.44	143.07	153.49	161.87
	邵东县	98.92	132.13	127.67	141.73	150.12	159.68
	新邵县	87.60	120.31	112.95	126.55	136.61	146.81
	邵阳县	86.89	119.67	113.46	127.30	134.82	143.44
	隆回县	92.59	122.81	114.38	130.76	138.87	147.09
	洞口县	95.09	127.29	121.36	134.59	141.21	149.29
	绥宁县	89.78	123.39	112.67	127.07	134.05	143.98
	新宁县	90.72	120.25	113.63	129.72	135.36	146.08
	城步县	89.37	121.55	112.71	126.81	134.56	145.02
	武冈市	92.44	122.86	114.95	131.49	138.16	148.96

数据来源：北京大学数字普惠金融研究中心。

（三）湖南省县域数字普惠金融数字化程度情况

从湖南省县域数字普惠金融数字化程度来看，如表 3.5 所示，2016—2021 年湖南省县域数字普惠金融数字化程度指数排名靠前的有岳麓区、天元区、长沙县，它们近年来在数字普惠金融数字化程度方面保持较高水平。城步县、绥宁县、涟源市在县域数字普惠金融数字化程度方面相对落后。从指数排名来看，近几年上升较快的县市区有开福区、芦淞区等。从区域来看，2016 年湖南省县域数字普惠金融数字化程度指数排名前 20 的县市区中，长株潭城市群占 3 个，环洞庭湖城市群占 4 个，湘南城市群占 7 个，湘西城市群占 6 个。它们在 2016—2021 年县域数字普惠金融数字化程度方面都出现了较大幅度的上升，上升较快的城市群主要有长株潭城市群。到 2021 年的县域数字普惠金融数字化程度指数排名前 20 的县市区中，长株潭城市群占 13 个，环洞庭湖城市群占 1 个、湘南城市群占 4 个，湘西城市群占 2 个。也就是说，其他城市群的县域数字普惠金融数字化程度发展都滞后于长株潭城市群。

表 3.5 2016—2021 年湖南省县域数字普惠金融数字化程度指数

城市群	县域	2016	2017	2018	2019	2020	2021
长株潭城市群	芙蓉区	74.59	105.44	115.97	131.59	124.78	124.32
	天心区	78.61	109.43	114.20	122.88	120.68	123.27
	岳麓区	77.86	107.40	114.93	124.02	119.75	126.19
	开福区	67.07	107.83	119.52	125.46	121.30	124.14
	雨花区	78.80	103.44	115.08	121.29	120.59	123.59
	望城区	82.84	107.18	115.90	121.07	117.52	122.33
	长沙县	72.59	103.34	114.10	127.68	123.90	124.66
	宁乡县	60.96	97.12	108.95	122.74	119.55	121.75
	浏阳市	69.98	92.13	107.37	117.78	118.13	118.41
	荷塘区	54.39	83.35	112.51	131.50	119.20	120.83
	芦淞区	49.62	84.14	106.75	128.94	121.76	121.71
	石峰区	77.35	107.75	113.72	117.61	117.53	124.28
	天元区	79.08	101.36	109.72	126.46	121.50	124.73
	株洲县	82.24	100.41	113.04	118.78	115.74	117.25
	攸县	75.46	97.26	104.50	115.84	116.30	118.16
	茶陵县	61.17	96.95	94.76	110.94	110.57	118.07
	炎陵县	77.22	97.75	103.76	111.89	109.95	114.99
	醴陵市	76.75	99.39	113.47	117.85	115.31	116.84
	雨湖区	89.54	111.56	114.01	119.39	116.70	116.84
	岳塘区	73.07	108.08	114.97	119.44	116.59	122.83
	湘潭县	77.69	106.63	113.90	119.43	119.69	121.38
	湘乡市	65.39	100.74	110.34	119.28	114.35	115.24
	韶山市	77.56	99.46	110.22	115.96	114.41	116.98

续 表

城市群	县域	2016	2017	2018	2019	2020	2021
环洞庭湖城市群	岳阳楼区	76.41	100.81	108.93	120.45	118.82	123.00
	云溪区	60.54	105.16	102.11	115.40	110.61	119.08
	君山区	71.37	98.37	104.41	109.89	106.64	111.43
	岳阳县	80.45	105.13	106.54	119.86	118.27	118.85
	华容县	82.55	98.67	103.38	116.07	113.78	117.70
	湘阴县	75.77	103.47	111.88	122.20	118.54	118.83
	平江县	65.73	99.42	102.55	112.26	110.56	112.17
	汨罗市	80.30	104.44	110.79	124.83	117.04	114.69
	临湘市	50.43	84.66	105.70	120.20	111.99	111.08
	武陵区	75.19	106.07	112.98	118.88	116.89	119.75
	鼎城区	71.57	100.54	111.41	113.95	112.87	118.97
	安乡县	86.06	104.73	106.59	112.41	109.04	112.25
	汉寿县	76.03	103.41	114.61	115.04	107.60	111.25
	澧县	74.21	101.92	108.25	115.65	111.05	113.18
	临澧县	69.59	101.81	107.80	113.65	111.50	115.46
	桃源县	80.31	103.04	112.79	115.22	110.80	116.70
	石门县	79.08	102.77	108.47	118.19	115.30	120.74
	津市市	83.65	101.97	111.05	112.93	112.98	115.43
	资阳区	55.59	91.08	107.62	114.19	110.44	115.35
	赫山区	42.70	87.94	107.67	114.38	111.07	116.96
	南县	68.71	100.51	110.46	117.52	113.93	116.46
	桃江县	67.37	97.79	109.34	123.42	107.12	115.10
	安化县	83.14	107.01	115.49	112.05	113.63	115.08
	沅江市	69.26	94.14	108.53	117.67	115.07	115.87

续 表

城市群	县域	2016	2017	2018	2019	2020	2021
湘南城市群	珠晖区	87.14	110.52	118.04	118.39	115.04	122.81
	雁峰区	55.56	105.13	129.10	122.86	118.39	120.27
	石鼓区	74.60	104.37	121.75	121.33	117.04	122.66
	蒸湘区	80.43	111.29	115.21	122.29	116.81	119.06
	南岳区	73.98	94.32	97.69	108.79	105.20	112.49
	衡阳县	77.04	103.63	115.64	118.41	116.63	116.91
	衡南县	74.11	106.65	115.06	118.27	119.31	119.14
	衡山县	71.11	102.51	101.12	113.19	118.02	113.77
	衡东县	76.15	93.20	109.92	116.04	116.08	116.73
	祁东县	74.42	95.84	107.40	119.75	114.57	116.85
	耒阳市	71.32	101.88	113.43	111.49	106.52	114.91
	常宁市	77.22	101.92	106.51	115.94	114.19	117.24
	北湖区	65.04	97.63	112.02	116.17	114.33	119.40
	苏仙区	73.56	107.01	117.64	117.16	114.18	118.39
	桂阳县	75.91	103.08	112.52	115.37	112.93	117.48
	宜章县	75.02	107.04	119.19	114.14	109.55	114.33
	永兴县	78.89	99.94	112.81	114.65	112.27	120.88
	嘉禾县	81.28	106.59	118.48	119.80	115.72	117.24
	临武县	83.18	112.36	121.79	112.52	112.53	115.16
	汝城县	76.40	105.01	105.65	111.77	113.79	116.82
	桂东县	68.14	94.01	112.08	114.14	112.12	116.23
	安仁县	77.20	101.24	95.80	106.86	106.80	114.73
	资兴市	82.25	102.96	116.86	116.44	113.72	122.43
	零陵区	89.47	116.11	113.28	120.51	112.96	116.12
	冷水滩区	84.95	109.39	111.14	117.90	115.00	119.74
	祁阳县	81.86	101.45	113.66	118.03	112.58	118.12
	东安县	76.40	106.43	113.86	118.53	111.36	113.69
	双牌县	90.71	106.80	114.20	125.06	120.25	119.26
	道县	74.61	111.24	114.71	118.31	112.61	116.16
	江永县	98.80	102.71	116.86	119.10	112.65	114.71
	宁远县	79.45	100.27	120.60	120.19	113.69	115.23
	蓝山县	71.58	106.44	118.83	121.79	117.38	117.97
	新田县	61.62	102.07	103.46	120.01	113.85	117.59
	江华县	80.50	109.13	121.71	122.98	118.97	119.23

城市群	县域	2016	2017	2018	2019	2020	2021
	鹤城区	79.11	99.74	113.05	118.40	116.69	119.48
	中方县	85.27	103.42	120.07	119.93	111.98	117.44
	沅陵县	71.49	100.55	104.71	107.30	115.46	116.54
	辰溪县	64.91	99.97	109.72	115.92	117.41	116.65
	溆浦县	64.59	101.49	110.68	110.93	114.36	117.31
	会同县	76.54	95.90	105.06	113.02	114.11	116.74
	麻阳县	80.91	89.83	103.85	115.10	115.12	117.04
	新晃县	68.74	101.65	113.60	116.43	120.56	119.44
	芷江县	80.41	100.75	111.72	120.64	119.73	120.94
	靖州县	69.39	96.45	106.20	114.24	116.49	117.37
	通道县	73.88	100.24	107.38	110.56	118.09	119.54
	洪江市	81.66	98.31	107.22	110.19	112.93	118.20
	娄星区	67.33	103.89	108.11	124.30	112.38	117.15
	双峰县	73.67	99.85	103.31	116.96	111.27	112.46
	新化县	68.32	94.75	108.60	114.70	109.04	111.69
	冷水江市	64.35	90.73	110.32	117.09	111.37	113.43
	涟源市	79.99	101.16	100.65	110.76	104.99	108.90
	吉首市	79.12	101.58	98.35	113.39	115.19	115.61
湘西	泸溪县	75.66	99.94	100.67	110.76	111.76	116.57
城市群	凤凰县	77.86	99.48	106.90	115.92	118.06	118.31
	花垣县	94.12	99.39	105.78	117.33	116.72	123.41
	保靖县	78.60	96.14	111.10	146.57	114.05	114.73
	古丈县	74.08	98.28	101.65	113.02	113.05	118.71
	永顺县	71.85	102.82	91.76	107.41	112.96	115.10
	龙山县	82.38	100.40	101.28	109.45	113.04	115.06
	永定区	71.89	103.60	111.63	116.81	112.61	118.64
	武陵源区	85.36	96.81	111.11	114.47	109.44	114.28
	慈利县	75.33	103.07	110.24	119.16	113.61	115.92
	桑植县	82.04	103.79	107.77	113.09	108.73	113.83
	双清区	66.01	97.31	107.64	115.75	111.05	118.84
	大祥区	78.13	105.62	113.65	116.46	111.15	118.43
	北塔区	73.84	100.73	108.52	110.65	108.61	113.22
	邵东县	62.23	88.66	103.58	109.49	103.62	111.77
	新邵县	82.23	103.95	110.91	114.76	108.34	113.62
	邵阳县	81.84	94.21	105.63	113.35	106.66	111.89
	隆回县	73.82	103.99	110.09	115.23	111.35	113.98
	洞口县	83.65	103.54	106.01	114.94	115.03	117.20
	绥宁县	81.35	101.54	108.63	108.59	107.42	110.28
	新宁县	77.00	98.02	105.59	109.25	106.49	111.38
	城步县	82.63	95.96	109.47	111.63	104.47	107.58
	武冈市	74.62	97.79	109.08	112.51	110.66	113.24

数据来源：北京大学数字普惠金融研究中心。

第二节　湖南省县域数字普惠金融发展面临的挑战

一、湖南省县域数字普惠金融监管面临新挑战

　　首先，传统金融机构转型，不断开展数字普惠金融业务，对金融监管机构提出了严峻的挑战。数字普惠金融的监管制度体系、市场准入门槛、技术应用标准都不够完善，尤其是对县域数字普惠金融而言，缺乏可借鉴的监管经验。其次，数字普惠金融的发展强化了金融混业经营创新，使监管的边界更加复杂化。例如，一些数字金融平台具有全金融牌照，即可以开展互联网借贷、数字理财、互联网保险等多种业务，跨领域经营，不同金融机构产品耦合导致单个金融机构受到外部冲击的可能性增加，而监管机构涉及中国人民银行、国家金融监督管理总局等，这为分业监管带来了挑战。

二、湖南省县域数字普惠金融服务能力有待提高

　　目前湖南省金融组织体系在深度和广度上仍显不足，数字普惠金融的服务能力、服务水平以及相关体制机制的完善度、灵活性、协同性、创新性上仍有改进的空间，与国家现有发展目标及广大小微企业、农村人口、低收入人口等特殊群体对金融服务的期待还有一定差距。以中小企业信贷服务为例。解决中小企业融资难、融资贵问题一直是发展普惠金融、扶持实体经济发展的重难点。然而，在湖南省以银行机构为主的金融组织体系中，互联网

金融机构的业务规模、覆盖面和市场占有率不高，难以满足农民群体的融资需求，对弥补小微企业信贷需求缺口作用有待提高。当前，系统性重要金融机构普遍成立了普惠金融事业部和小微企业专营机构，同时在依靠数字化转型来拓展业务、进行金融创新，但出于审慎合规经营的传统和要求，再加上相关授信审批权限、尽责免职、激励考核等制度安排并未全面落实到位，导致基层信贷员对于小微企业仍然存在"不愿贷、不能贷、不会贷"的问题。

三、湖南省县域数字普惠金融素养有待提升

数字普惠金融通过数字技术，为用户提供方便、快捷的金融服务，同时对用户的数字金融知识以及互联网技术素养提出了较高的要求。数字普惠金融的重点在于其包容性，农民、老年人以及低收入群体是其服务需要覆盖的对象，然而，这部分潜在客户的教育水平相对较低，数字金融知识匮乏。目前湖南省县域数字普惠金融使用率不高，主要由于这部分群体对新兴数字金融产品和服务的接受能力较低，缺乏学习使用相关技术的动力，而这会造成县域客户群体数字信息和金融素养两极分化，导致部分农民群体处于数字鸿沟不利面。数字鸿沟的存在制约了数字普惠金融服务的广度和深度，也会影响目标客户对数字金融服务的利用效率。对湖南省县域消费者金融素养调查分析的结果显示，近几年湖南省县域消费者整体金融素养水平提升较快，但不同群体金融素养水平具有较大差异，其中低学历群体、低收入群体以及老年群体的金融素养水平相对较低。数字素养水平较低的用户拥有的数字普惠金融素养水平也相应较低。由此可见，数字技术和金融素养水平一定程度上影响数字普惠金融发展的包容性。

四、湖南省县域数字普惠金融存在欺诈风险

数字庞氏骗局是一种典型的依靠数字手段进行的金融欺诈，它通过互联

网等数字化手段，吸引投资者，用新投资人的钱来向老投资者支付利息和短期回报，以制造赚钱的假象进而骗取更多的投资。依托数字技术的数字庞氏骗局手段更加隐蔽，波及范围更广，影响更大。首先，数字庞氏骗局容易导致系统性金融风险，影响国家金融稳定。其次，除给受害家庭带来巨大经济损失外，数字庞氏骗局还会带来信用危机，使受害者对政府和金融监管部门丧失信心，这种信用危机将在社会传递，容易导致目标用户对数字普惠金融产生排斥，阻碍数字普惠金融深入发展。

五、湖南省县域数字普惠金融面临信息安全风险

数字普惠金融的发展依托网络和信息技术，对交易信息数据的真实性、可靠性要求较高，可以说，信息数据获取、储存的安全性都是影响数字普惠金融发展的关键因素。数字技术与普惠金融服务的融合发展，提高了服务的便捷性和用户的体验感，同时带来了一定的信息安全风险。一是金融科技企业信息安全管理能力良莠不齐，部分机构缺乏信息安全保护意识和安全措施，容易造成用户信息数据泄露、篡改、丢失等信息安全事件。二是为了提高数字普惠金融的运营效率，数字普惠金融不断创新，新兴业态和数字应用平台大量涌现，它们在提高金融交易的普惠性的同时，也容易成为黑客攻击的目标，出现数据丢失。同时，相关金融系统发生故障时，也容易给信息系统带来操作风险。

第三节　湖南省县域数字普惠金融发展的影响因素

县域数字普惠金融发展具有区域差异性，表现为不同经济区域的县域数字普惠金融的发展水平不同，相同区域内的差异较小，这主要是由于不同区域的经济发展水平、地理位置、资源禀赋和地方政策等方面存在较大的差异。也就是说，影响县域数字普惠金融发展的因素除了经济因素、社会因素之外，还有个体因素。

一、经济因素

（一）传统金融体系发展程度

数字普惠金融发展产生的新的服务方式和新业态会对传统金融产生一定的冲击，同时数字普惠金融发展会促进数字技术与传统金融的融合发展，促进传统金融数字化转型。因为数字普惠金融是依托数字技术在传统金融的基础上持续创新的，反过来，传统金融为促进数字普惠金融的发展提供相应的基础设施和金融人才。一般而言，县域传统金融的发展水平越高，相应的县域数字普惠金融发展水平也较高。

（二）区域经济发展水平

金融是组成经济系统的重要元件，金融发展与经济发展水平具有较强的相关性，数字普惠金融则是依托数字技术发展的金融服务创新模式。因此，区域经济发展水平将影响县域数字普惠金融的发展。首先，区域经济的发展会促进县域居民收入水平的提升，进而提高县域居民的经济预期，加速资金的流动，刺激金融需求，有利于县域数字普惠金融的发展。其次，区域经济的高速高质量发展，不断推动技术创新，夯实经济基础，为县域数字普惠金融发展提供经济动力和技术支持。总之，区域经济发展水平是影响县域数字普惠金融的发展关键因素之一，且呈正相关关系。

（三）产业结构

产业结构转型升级与金融发展密切相关。现代产业形态更需要金融服务的支持，对金融服务需求趋向多样化，进而促使金融资源配置不断优化，推动数字普惠金融的发展。事实证明，在湖南省第一产业占比较高而二、三产业不发达的县域，金融需求相对匮乏，金融供给也不足，当地数字普惠金融发展水平也较低。而在二、三产业比重较大的县域，金融需求较大，刺激了金融供给和创新，从而推动了县域数字普惠金融的发展。

（四）城镇化发展水平

通常城镇化发展水平越高的区域，金融基础设施相对更完善，这也是区域经济综合实力的体现。一般来说，数字普惠金融发展所需的硬件设备离不开完善的城镇基础设施建设，此外，在城镇化水平发展高的区域，居民的文化与数字素养也相对较高，对数字普惠金融新业态出现的接受程度较高，从而在一定程度上扩大了县域数字普惠金融的需求，有利于数字普惠金融的发展。

二、社会因素

（一）数字金融硬件设施水平

数字金融硬件设施水平是影响数字普惠金融发展的关键因素之一，主要包括移动支付、数字征信体系等方面设施的建设。快捷的互联网支付系统可以提高金融交易的效率，建立基于大数据的征信系统有利于减少信息不对称产生的风险，也有利于金融机构精准开发潜在客户。因此，完善的数字金融设施建设是有效推动县域数字普惠金融发展的基础保证。

（二）数字普惠金融监管水平

数字普惠金融有效克服了传统金融的排斥性，随着其包容性、便捷性的优势日益凸显，人们对数字普惠金融新业态的接受度更高，其交易量呈几何性增长，产生了海量交易数据和交易主体，加大了金融监管当局的工作难度。因为当前针对传统金融的监管体系，采用的是分业监管模式，难以有效监管数字普惠金融的混业模式，导致金融监管滞后，可能影响金融安全和稳定。而县域数字普惠金融的监管水平直接关系到数字普惠金融有序健康发展，进而影响其服务规模和服务范围的扩大。

三、个体因素

（一）受教育程度

金融消费者的受教育程度影响其金融素养和对数字技术的运用能力。数字技术运用能力和金融素养共同决定了数字普惠金融消费者的应用与参与能力，而这两种能力直接影响数字普惠金融的发展水平。通常受教育程度较高的消费者，能更准确掌握数字技术相关的基础知识，更熟练运用数字普惠金融的工具和平台。同时，受教育程度较高的消费者意味着金融素养较高，金融决策能力更强，能正确运用数字普惠金融工具，接受数字普惠金融新业态，也具有一定的金融风险防范意识。因此，消费者受教育水平与县域数字普惠金融发展呈正相关关系。

（二）年龄结构

不同年龄阶段的人对数字普惠金融的需求不同，通常年轻人对数字普惠金融的需求较大，年龄大的人的需求较小。因为年轻人更了解金融工具，有更多机会接触参与相关金融活动，也拥有较高的金融素养，能更好地利用金融服务。因此，年轻人占比较高的县域，其数字普惠金融发展水平一般相应较高。

第四节　湖南省农民收入状况

一、湖南省农民可支配收入的演变

伴随着不断加深的改革开放进程，湖南省经济发展已由高速增长转向高质量增长，农民增收已取得很大成效。由图 3.2 可知，1980—2022 年湖南省农民人均可支配收入持续增加，呈现非直线增加态势，由 1980 年的 219.72 元增加到 2022 年的 19 546.2 元，其中 1994 年突破千元大关，2014 年突破万元大关。随着经济社会的发展，2022 年湖南省的经济增长量约是 1980 年的 20 倍，农民人均可支配收入约是 1980 年的 89 倍。不同发展时期的农民收入增加呈现阶段性特征：1984 年前为超常规增长阶段，增速为 17.1%；1985—2003 年为低速波动增长阶段，增速为 10.6%；2004—2012 年为高速增长阶段，增速为 13.7%；2013—2022 年为新常态增长阶段，增速为 9.6%。

年份	人均可支配收入
1980	219.72
1981	243.17
1982	284.39
1983	315.67
1984	348.39
1985	395.26
1986	439.66
1987	471.30
1988	515.35
1989	558.34
1990	664.23
1991	688.91
1992	739.42
1993	851.87
1994	1 155.00
1995	1 425.16
1996	1 792.25
1997	2 037.06
1998	2 064.85
1999	2 147.18
2000	2 197.20
2001	2 299.50
2002	2 397.90
2003	2 532.90
2004	2 837.80
2005	3 117.70
2006	3 388.80
2007	3 904.30
2008	4 512.50
2009	4 910.00
2010	5 622.00
2011	6 567.10
2012	8 023.50
2013	9 028.60
2014	10 060.20
2015	10 992.50
2016	11 930.40
2017	12 935.80
2018	14 092.50
2019	15 394.80
2020	16 584.60
2021	18 295.20
2022	19 546.20

人均可支配收入（单位：元）

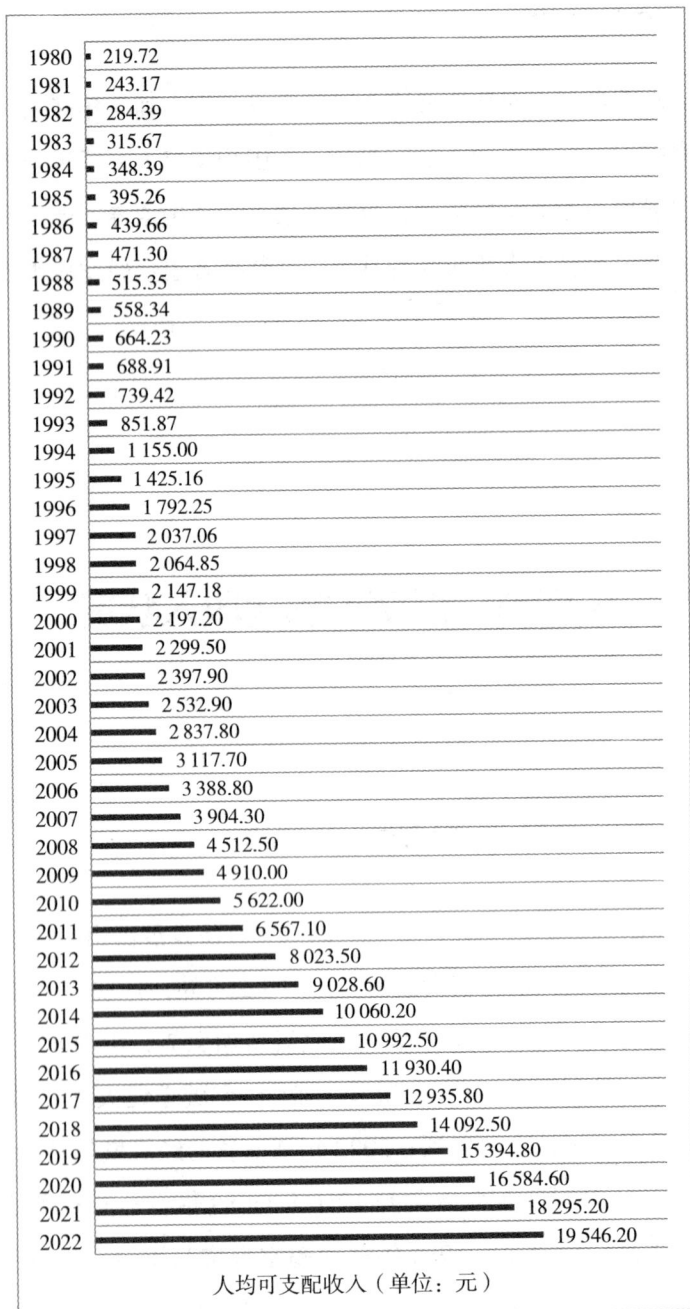

数据来源：湖南省统计年鉴。

图 3.2　1980—2022 年湖南省农民人均可支配收入情况

二、湖南省农民收入结构的演变

湖南省农民收入主要包括工资性收入、经营净收入、财产净收入和转移净收入四部分。

（一）湖南省农民人均工资性收入

由表3.6可知，湖南省农民工资性收入占农民可支配收入的13%～49%，从1990年后比重持续增大，2011年农民工资性收入占农民可支配收入的比重达到49.3%，成为农民收入的主要来源之一，也是导致湖南省农民收入差距扩大的关键因素。1997—2011年湖南省农民工资性收入占可支配收入的比重增加较快，随后有所下降，趋于平稳。这种工资性收入变化的差异与湖南省区域经济发展不平衡密不可分。

表3.6　1980—2022年湖南省农民工资性收入情况

单位：元

年份	工资性收入	占比	年份	工资性收入	占比
1980	104.21	0.4743	2002	914.30	0.3813
1981	110.52	0.4545	2003	988.40	0.3902
1982	132.32	0.4653	2004	1081.20	0.3810
1983	50.10	0.1587	2005	1228.80	0.3941
1984	52.99	0.1521	2006	1449.70	0.4278
1985	53.81	0.1361	2007	1712.30	0.4386
1986	59.18	0.1346	2008	1990.50	0.4411
1987	74.85	0.1588	2009	2234.00	0.4550
1988	86.53	0.1679	2010	2655.60	0.4724
1989	99.88	0.1789	2011	3240.80	0.4935

续　表

年份	工资性收入	占比	年份	工资性收入	占比
1990	85.11	0.1281	2012	3847.60	0.4795
1991	94.16	0.1367	2013	3671.60	0.4067
1992	114.01	0.1542	2014	4088.10	0.4064
1993	135.85	0.1595	2015	4515.20	0.4108
1994	206.77	0.1790	2016	4946.20	0.4146
1995	268.00	0.1880	2017	5340.80	0.4129
1996	352.07	0.1964	2018	5769.30	0.4094
1997	459.97	0.2258	2019	6224.00	0.4043
1998	613.10	0.2969	2020	6569.60	0.3961
1999	695.62	0.3240	2021	7165.00	0.3916
2000	789.70	0.3594	2022	7662.11	0.3920
2001	840.10	0.3653	—	—	—

数据来源：湖南省统计年鉴。

（二）湖南省农民人均经营净收入

由表3.7可知，1980—2022年湖南省农民人均经营净收入占人均可支配收入的比重为34%～84%。1990年湖南省农民人均经营净收入在人均可支配收入中占比为83.9%，之后比重呈下降趋势，下降至2022年的34.3%。1980—2022年人均经营净收入稳定增长，但增长速度不一，中后期农民人均经营净收入在农民可支配收入中占比下降。

表 3.7 1980—2022 年湖南省农民经营净收入情况

单位：元

年份	经营净收入	占比	年份	经营净收入	占比
1980	88.51	0.4028	2002	1376.70	0.5741
1981	102.49	0.4215	2003	1427.20	0.5635
1982	124.55	0.4380	2004	1614.60	0.5690
1983	236.04	0.7477	2005	1713.40	0.5496
1984	266.45	0.7648	2006	1743.50	0.5145
1985	326.23	0.8254	2007	1963.90	0.5030
1986	364.40	0.8288	2008	2196.60	0.4868
1987	379.53	0.8053	2009	2257.30	0.4597
1988	409.52	0.7946	2010	2463.90	0.4383
1989	436.21	0.7813	2011	2725.20	0.4150
1990	557.10	0.8387	2012	2903.20	0.3618
1991	570.76	0.8285	2013	3255.50	0.3606
1992	601.11	0.8129	2014	3638.90	0.3617
1993	685.85	0.8051	2015	3911.70	0.3559
1994	903.01	0.7818	2016	4138.60	0.3469
1995	1095.89	0.7690	2017	4368.90	0.3377
1996	1367.11	0.7628	2018	4785.70	0.3396
1997	1508.55	0.7406	2019	5268.30	0.3422
1998	1383.34	0.6699	2020	5804.00	0.3500
1999	1372.68	0.6393	2021	6530.20	0.3569
2000	1329.10	0.6049	2022	6709.50	0.3433
2001	1371.10	0.5963	—	—	—

数据来源：湖南省统计年鉴。

（三）湖南省农民人均可支配收入结构

从收入结构来看，工资性收入和经营净收入是农民的主要收入来源，占比较高。人均财产净收入占人均可支配收入的比重相对较低且稳定，通常分布在 2%～3%。人均转移净收入占人均可支配收入的比重在 10% 左右，但人均财产净收入占比的城乡差别较大，而人均转移净收入占比的城乡差别不大。农民人均转移净收入占人均可支配收入的比重稍大于城镇居民人均转移净收入在城镇居民人均可支配收入的比重。

第五节 湖南省县域数字普惠金融发展
与农民增收的相关性分析

一、湖南省县域数字普惠金融发展助力农民增收的现实表现

（一）湖南省县域数字普惠金融发展助力惠农扶贫

在过去一段时间内，湖南省通过建立金融扶贫服务站，来提高普惠金融扶贫效率。湖南省依据 2016 年出台的《金融精准扶贫规划（2016—2020）》，瞄准全省贫困地区金融资源配置不优和金融服务弱化等状况开展惠农扶贫。为提高金融扶贫效率，湖南省通过政府补贴、金融机构结对联系的方式在全省每个贫困村建立金融扶贫服务站，每个服务站至少有 1 家银行

联系对接，其中，农信社、邮储银行、农行分别承担 70%、15%、10% 的任务，其他机构承担 5% 的任务，帮助金融服务站开展扶贫小额贷款、扶贫产业金融服务对接、金融扶贫信息库和贫困户信用档案建立等服务。其中，对有劳动能力的建档立卡贫困户，给予 5 万元以内的免抵押小额贷款；对贫困地区发展前景好的特色产业，提高相关的经营主体的授信额度；对回报周期长的种植业，其贷款期限延长至 15 年。一系列措施使贫困地区 5 年（2016—2020）内融资总量翻了一番。同时，金融服务站的建设促进实现了政府、金融机构、贫困户的信息共享，为精准扶贫提供了全方位的金融支持，不断助力农民增收。至 2020 年底，经过 8 年奋战，全省 51 个贫困县、6920 个贫困村全部脱贫摘帽，特别是"十三五"（2016—2020）期间，平均每年减贫超过 100 万人，区域性整体贫困得到解决。从产业角度来看，湖南省是农业大省，农业种植是其主导产业之一。为实现湖南农业强省战略，提高农业科技含量，金融机构与政府联合运用数字金融工具为农民提供农机和技术补贴，提高了金融服务的包容性，扩大了补贴范围。随着农业现代化进程，新型农业经营主体迅速扩大，融资需求也相应增加。为解决农村金融供不应求的问题，湖南省通过新建村镇银行来扩大村镇银行的网络覆盖面。同时，银行等金融机构结合农村金融特点，利用数字技术，推出农户联保、生产链担保和林权抵押等信贷新业务模式，这些金融产品融资具有门槛低、成本低、方便快捷等特点，显著提高了金融的普惠性，有效缓解了农民融资难、融资贵的问题，激发了农民创业的积极性。

（二）湖南省县域数字普惠金融助力小微企业发展

小微企业由于其规模小，信用评估难度大，容易受到金融排斥。湖南省金融机构针对小微企业资金需求小、用款期限灵活等特点，利用大数据技术进行信用收集和风险评估，不断推出数字普惠金融业态和金融产品，如长沙银行推出"长湘贷"、工商银行郴州市分行推出"有色金属仓单"融资、湖南农担（湖南省农业信贷融资担保有限公司）推出的"惠农担""采云贷"等金融产品，这些产品既能有效缓解小微企业的融资问题，也为数字普惠金融发展提供了新思路。总之，县域数字普惠金融的发展提高了金融服务的包容性，着力解决了传统金融对农民、小微企业的排斥，有利于引导资金流向农村，也有助于农民收入提高。

（三）湖南省县域数字普惠金融助力地方产业发展

湖南省县域的资源禀赋具有较大差异，各县市区已形成自己特色的主导产业集群，如文旅产业、智能装备制造业、新一代电子信息技术业和有色金属产业等。这些产业投入较大，对资金需求比较旺盛。对此，地方政府牵线，为相关企业链接金融机构提供支持，并创新提出了"金融＋园区＋产业"发展模式。2017年株洲市为田心轨道交通产业区融资10亿元；通过文化旅游节打造"移动互联网＋文化"项目，促进文化产业与金融业合作。

二、湖南省县域数字普惠金融发展与农民增收的相关性分析

由图3.3可知，散点图和一次函数拟合图描述了湖南省数字金融指数与农民收入的相关关系，其中横轴为2011—2021年湖南省数字金融指数，纵轴为2011—2021年湖南省农民人均可支配收入。一次拟合函数的斜率为正（35.202），表明湖南省数字普惠金融发展与农民可支配收入之间具有正相关关系。从一次函数的拟合优度来看，一次函数的 R^2 为0.969 7，表明函数的拟合效果较好。

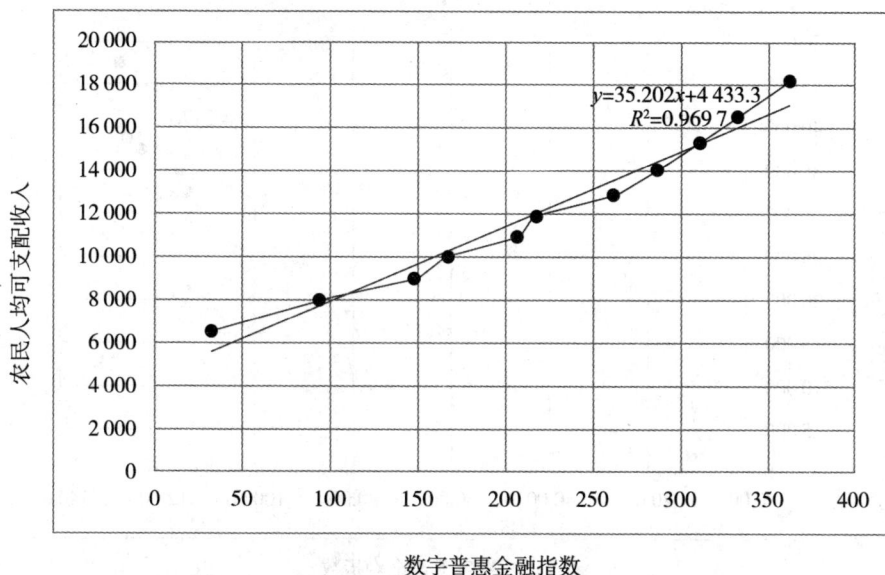

图 3.3　湖南省数字普惠金融发展与农民人均可支配收入的关系拟合图

随机选取长株潭城市群的望城区、环洞庭湖城市群的君山区、湘南城市群的北湖区和湘西城市群的鹤城区 4 个县市区为研究对象，由图 3.4、图 3.5、图 3.6、图 3.7 可知，散点图和一次函数拟合图描述了上述 4 个县市区数字普惠金融指数与农民收入的相关关系，其中横轴为 2016—2021 年湖南省数字金融指数，纵轴为 2016—2021 年相应县域农民人均可支配收入。一次拟合函数的斜率都为正，分别为 317.71、319.62、301.61、274.17，表明所选取的 4 个县域数字金融发展与农民人均可支配收入之间具有正相关关系。

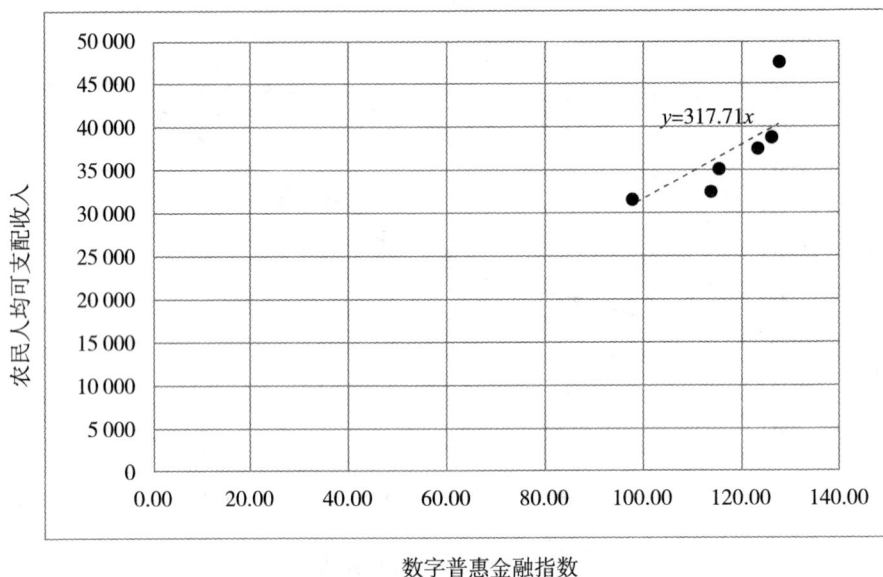

图 3.4 望城区数字普惠金融发展与农民人均可支配收入的关系拟合图

$y=317.71x$

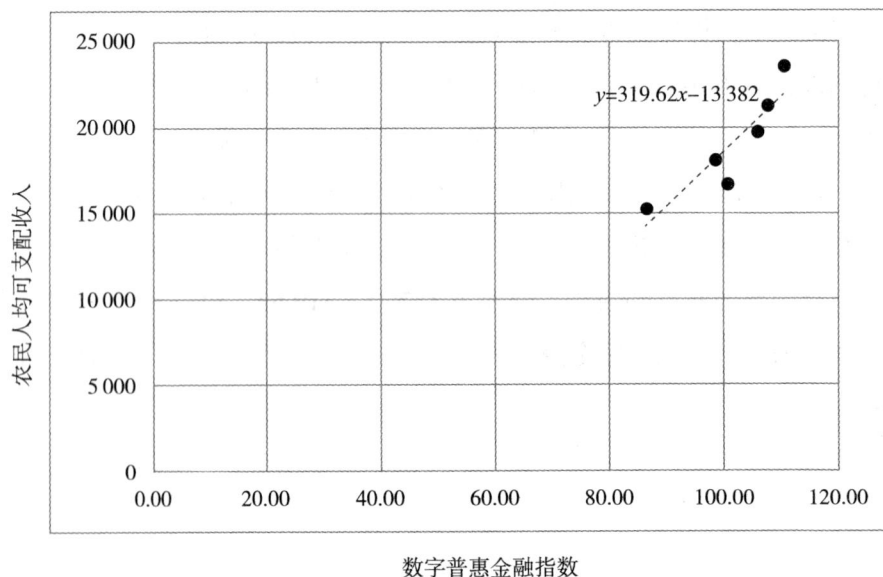

图 3.5 君山区数字普惠金融发展与农民人均可支配收入的关系拟合图

$y=319.62x-13\,382$

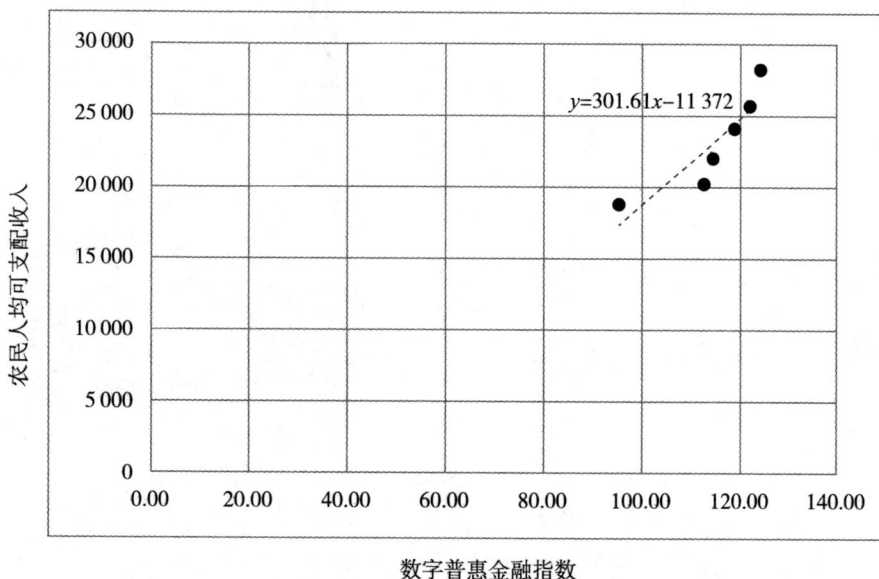

图 3.6　北湖区数字普惠金融发展与农民人均可支配收入的关系拟合图

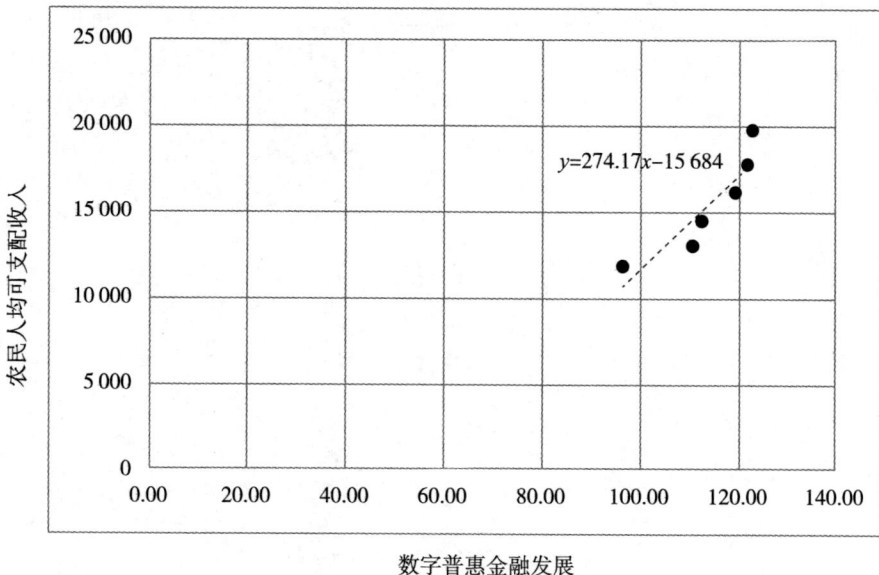

图 3.7　鹤城区数字普惠金融发展与农民人均可支配收入的关系拟合图

第四章　湖南省县域数字普惠金融发展助力农民增收的效应分析

第一节　理论分析和研究假设

由于传统金融的排斥性，信息不对称、农业农村融资难是制约湖南省县域产业转型升级的重要因素，究其原因是农村金融资源配置效率低。而与数字技术融合发展的数字普惠金融通过创新金融产品与金融服务，降低融资门槛，为农业农村发展融资提供服务，促进金融基础设施建设，助推农业产业转型和劳动力资本回流，从而加速农业农村繁荣，带动农民创业就业，拓宽农民增收渠道，最终实现农民收入提高。基于上述分析，本研究提出如下假设：

假设1：数字普惠金融助力湖南省各县市区农民增收。

北京大学数字普惠金融指数报告从数字普惠金融覆盖广度、覆盖深度、数字化程度指数3个维度评价数字普惠金融发展的情况。报告中，数字普惠金融覆盖广度主要通过账户覆盖率体现，数字普惠金融覆盖深度以支付业务、货币基金业务、信贷业务等金融服务使用情况进行衡量，数字化程度则从移动化、实惠化、信用化、便利化4个方面进行指标构建。据此，本研究从数字普惠金融的供给、需求和使用出发，探讨数字普惠金融助力农民增收的作用机制，剖析数字普惠金融各维度促进农民增收的差异性。数字普惠金融对农民收入增长的作用机制如图4.1所示。

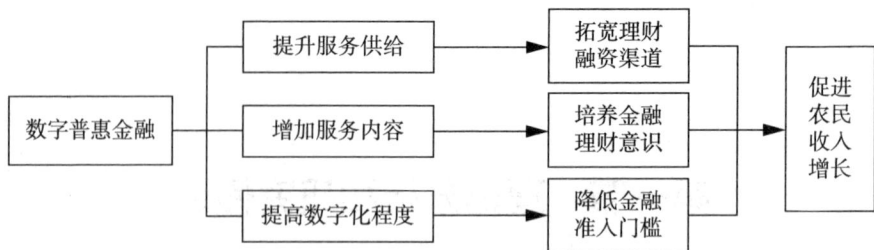

图 4.1   数字普惠金融对农民收入增长的作用机制

数字普惠金融覆盖广度打破了传统金融模式下对普惠金融服务供给的抑制局面，有助于拓宽农民的理财融资渠道。一方面，传统金融机构的开立离不开金融基础设施建设，其运营也离不开人力资本的支持，场地、设备等固定成本较高。农村地区的基础设施环境较差，使金融机构和支付网点入驻农村地区的固定成本、机会成本增加。金融机构为保证收支平衡，或对农民收取咨询费等费用，这会抑制农民的金融服务需求，造成金融机构与农民间的恶性循环，不利于农村的金融服务开发。另一方面，数字普惠金融以数字化技术为基础，支持农民通过第三方互联网金融系统进行金融交易。这种线上投融资服务的支付流程少，摆脱了物理网点等环境限制，减少了网点建设费用和服务成本，有助于金融机构进入农村，缓解部分金融排斥。同时，线上金融服务为宣传金融产品带来便利，数字普惠金融可以在广泛的电子账户基础上拓展相关业务，为金融服务覆盖不足的农民获取正规金融服务提供了有效途径，有助于当地农户拓展理财融资渠道，增加财产性收入。

数字普惠金融使用深度增加了数字普惠金融服务内容，有利于培养农民的金融理财意识。首先，由于农村地区的经济条件和教育水平有限，农村可提供的岗位种类较单一，城乡间金融信息不对称现象严重，农民对金融产品认识不足，增收方式主要依赖于农业畜牧业发展，收入来源不稳定。数字普惠金融使用深度体现了金融业务类型的多样性，能够为农民了解不同金融产品特点提供咨询，缩小城乡信息差，减少农民对农业贷款的抵触心理。其次，数字普惠金融使用深度体现出结果上的均衡，其致力通过简化保险、货币基金等方式，为农村地区构建一个适宜发展普惠金融的软硬件环境，减小农民了解金融产品的难度，帮助农民逐渐形成金融理财意识，进而提高农业贷款意愿，发展产业经济。

数字普惠金融数字化可以实现不同空间界限下的数据集中和信息共享，有助于降低金融准入门槛。第一，城乡间金融市场信息不对称，且传统金融服务主要由人工一对一进行，农民对金融产品认识不深，沟通时间长、效率低，致使人力成本较高。利用数字技术进行金融服务可以较快速地抓取农民需求，降低获客成本，提高服务效率，降低金融成本。第二，传统金融网点开立需要耗费大量人力物力财力，且农村地区对金融服务需求有限，金融机构出于利益最大化目的，对农村地区开展业务的意愿不高。数字普惠金融依赖电子账户进行线上服务，边际成本小，减少了金融机构的交易成本。第三，传统金融服务多以产品为中心，基于产品对客户进行筛选，客户与金融产品间的匹配度有限且数据筛选流程复杂。而数字普惠金融追求以客户为中心，通过大数据等数字技术为客户进行精准画像，再将客户与金融产品相匹配，时间成本低且客户匹配度高。基于上述分析，本研究提出如下假设：

假设2：数字普惠金融的覆盖广度、使用深度、数字化程度助力湖南省各县市农民的增收效应不同。

数字普惠金融助力农民增收效应具有差异性，与农民的初始资源禀赋密切相关。由于不同收入的农民群体拥有的资源禀赋不同，高收入农民拥有的资源禀赋通常高于低收入农民，而数字普惠金融具有资源配置的功能，能提高资源使用和整合的效率，造成数字普惠金融助力农民增收效应不同。同时，不同收入的农民在金融素养、数字技术使用以及金融资源获取方面存在差异，从而使不同收入农民拥有的发展机会也不同，高收入农民群体对金融资源使用效率更高，除工资性收入外，获取投资性收入机会相对较多，从而造成收入增加速度快于低收入农民群体。基于上述分析，本研究提出如下假设：

假设3：数字普惠金融发展助力湖南省农民不同收入群体的增收效应具有异质性。

第二节　变量选取、模型构建与统计分析

一、变量选取

（一）被解释变量

农民收入（*rural*）。据国家官方统计数据及当前主流思想，农民收入水平一般用农民人均可支配收入进行衡量。因湖南省统计年鉴自2013年起将农民收入的统计口径从农民纯收入调整为农民可支配收入。因此，为统一变量信息，本研究选取2014—2021年的农民人均可支配收入数据进行研究。

（二）解释变量

数字普惠金融指数（*index*）、数字普惠金融覆盖广度（*bre*）、数字普惠金融覆盖深度（*dep*）、数字普惠金融数字化程度（*dig*）。关于数字普惠金融，目前较权威的数据主要源于北京大学数字普惠金融指数报告，因此本研究中的解释变量都选用该报告公开数据进行计算，选取2014—2021年湖南省86个县市区为研究对象。

（三）控制变量

1. 农林牧渔业发展水平（*pri*）。湖南省作为传统农业大省，农业从业人员主要是当地农民，农民收入来源则主要依靠于当地农业买卖收入，因此认真考虑湖南省农业产值对于衡量农民收入十分重要。本研究将湖南省各县市区农林牧渔业总产值除以农林牧渔业从业人员人数来粗略分析当地农林牧渔业的发展情况。

2. 政府助农财政支持（*agri*）。参考陈丹等（2019）的研究结果，除当地农民自身努力外，政府对当地的农业产业的财政支持对于当地农业发展也可能产生一定效益从而助力农民收入增长，因此将地方一般公共预算支出中的农林水支出作为衡量政府助农财政支持的指标具有可行性。

3. 一般教育发展情况（*tea*）。结合石玲玲等（2022）的研究结果，教育有助于提高居民就业率、提升居民综合素质从而促进居民收入增长，因此可以将一般教育发展情况纳入控制变量。中国实行九年义务教育，中等学校教育具有基础性、广泛性，故本研究将中等学校的教职工人数作为一般教育发展情况的衡量指标。

（四）模型变量设定

具体情况如表 4.1 所示。

表 4.1　模型变量设定

变量名称		变量描述	衡量方式
被解释变量	*rural*	农民收入	农民人均可支配收入
解释变量	*index*	数字普惠金融指数	北京大学数字普惠金融指数
	bre	数字普惠金融覆盖广度	北京大学数字普惠金融数据
	dep	数字普惠金融覆盖深度	北京大学数字普惠金融数据
	dig	数字普惠金融数字化程度	北京大学数字普惠金融数据

续　表

变量名称		变量描述	衡量方式
控制 变量	*pri*	农林牧渔业发展水平	农林牧渔业总产值／农林牧渔业从业人员人数
	agri	政府助农财政支持	地方一般公共预算支出中的农林水支出
	tea	一般教育发展情况	中等学校教职工人数

二、模型构建

为验证假设 1，采用豪斯曼检验对固定效应模型和随机效应模型进行选择，结果显示，固定效应模型更适用于对研究数据进行分析。为避免因变量选取不当而产生多重线性关系，本研究在模型确定前用方差膨胀因子（Variance Inflation Factor, VIF）进行检验。计算结果中，方差膨胀因子最大值为 2.71，均值为 2.14，故不存在多重线性关系。同时，为消除异方差，研究中统一对所有变量进行了对数处理，模型设定如下：

$$\log rural_{it}=\alpha_0+\alpha_1\log index_{it}+\alpha_2\log pri_{it}+\alpha_3\log agri_{it}+\alpha_4\log tea_{it}+\varepsilon_{it} \tag{4.1}$$

为进一步研究数字普惠金融对农民收入的作用路径问题，模型设定如下：

$$\log rural_{it}=\beta_0+\beta_1\log bre_{it}+\beta_2\log pri_{it}+\beta_3\log agri_{it}+\beta_4\log tea_{it}+\varepsilon_{it} \tag{4.2}$$

$$\log rural_{it}=r_0+r_1\log dep_{it}+r_2\log pri_{it}+r_3\log agri_{it}+r_4\log tea_{it}+\varepsilon_{it} \tag{4.3}$$

$$\log rural_{it}=\delta_0+\delta_1\log dig_{it}+\delta_2\log pri_{it}+\delta_3\log agri_{it}+\delta_4\log tea_{it}+\varepsilon_{it} \tag{4.4}$$

其中，i 表示湖南省各县市区，t 表示年份，*rural* 表示农民收入，*index* 表示数字普惠金融指数，*bre* 表示数字普惠金融覆盖广度，*dep* 表示数字普惠金融覆盖深度，*dig* 表示数字普惠金融数字化程度，*pri* 表示农林牧渔业发展水平，*agri* 表示政府助农财政支持，*tea* 表示一般教育发展情况。

三、数据来源

考虑到数据的统一性，为避免因数据缺失而产生误差，模型选取了湖南省 86 个县市区的 2014—2021 年的面板数据进行分析。其中，解释变量数据来自北京大学数字金融研发中心发布的数字普惠金融指数报告；被解释变量和控制变量来自湖南省统计局编制的 2015—2022 年湖南省市统计年鉴。

四、描述性统计

所有变量的原样本标准差较大，数据总体分布较分散，波动性较大。以农民收入为例，最大值为 38 195，最小值仅为 5 260，标准差超过 6 000，说明农民收入在 2014—2021 年中增长明显，湖南省农村经济发展迅速。同时，在 3 个数字普惠金融子指标中，覆盖广度均值较小、数字化程度标准差较大，说明湖南省各县市区数字普惠金融覆盖率有限，地区间数字普惠金融数字化差异较大。而 3 个控制变量的均值和标准差值在变量中差值最大，需要进一步处理数据。因此，为便于后续回归分析，将全部变量进行了对数处理，具体可见表 4.2。

由表 4.2 可知，经过对数处理后，所有变量的差距都有所缩小，受地区和时间等因素的影响也相应减小且未改变数据性质和相关关系，数据更加平稳。

表 4.2　变量对数化后的描述性统计结果

变量	样本量	均值	标准差	最小值	最大值
log$rural$	904	9.493 9	0.404 4	8.567 9	10.550 5
log$index$	904	5.263 9	0.274 5	4.686 7	5.774 2
logbre	904	5.172 2	0.307 9	4.426 4	5.809 9

变量	样本量	均值	标准差	最小值	最大值
logdep	904	5.272 8	0.288 1	4.677 7	5.707 1
logdig	904	5.487 7	0.237 6	4.902 7	5.772 3
logpri	904	10.286 9	0.387 5	9.351 2	11.154 1
log$agri$	904	13.067 6	0.506 4	10.698 7	13.808 9
logtea	904	10.073 1	0.438 1	8.958 4	10.863 3

第三节　实证分析

一、基准回归结果

由表 4.3 可知，模型 1 以数字普惠金融指数的对数作为解释变量与农民收入进行回归，模型 2 以数字普惠金融覆盖广度的对数作为解释变量进行回归，模型 3 以数字普惠金融覆盖深度的对数作为解释变量进行回归，模型 4 以数字普惠金融数字化程度作为解释变量进行回归。观察回归结果可以发现，所有解释变量的系数均与被解释变量在 1% 的置信水平下显著正相关，且存在一定差异，因此可以认为假设 1、假设 2、假设 3 都成立。进一步研究分析可发现，数字普惠金融指数的相关系数为正，即数字普惠金融可以通过各种手段对农民收入发挥积极作用。未来，湖南省可以通过多层次、多样化的数字金融服务刺激农民深入了解数字金融，从而加快当地数字金融发展速度，助力农民收入增长，实现乡村振兴。

而另外 3 个解释变量作为数字普惠金融的子指标，其中数字普惠金融覆盖广度的相关系数最大，数字普惠金融数字化程度系数最小。联系湖南省实际情况，首先，数字金融服务供给是关键。帮助湖南省各县市农民绑定第三方支付平台，扩大居民理财转账的使用覆盖面，能够真实有效地拓宽当地农民理财融资渠道，从而提高当地农民收入水平。其次，数字金融服务内容很重要。各种支付、基金、信贷、保险、投资和信用服务都可以作为用户提高收入水平的方式，体现了居民间丰富的数字信息交流。通过多样化的数字金融服务，湖南省农民可以在不同方式下逐步了解数字金融的本质和内涵，从而缓慢培养理财意识、提高贷款意愿，缩小与城市居民间的信息差，达到共同富裕目的。最后，数字化程度影响使用。通过减少数字金融使用成本、降低数字金融使用门槛，可以提升数字普惠金融的价值，吸引湖南省农民使用数字金融产品。鉴于当前湖南省农村数字金融基础设施建设仍在完善，难以在短期内快速丰富数字金融服务内容、提高数字化程度，因此模型 3、模型 4 的解释变量系数与模型 1、模型 2 相比还存在一定差距。

表 4.3　基准回归结果

变量	（模型 1）$\log rural$	（模型 2）$\log rural$	（模型 3）$\log rural$	（模型 4）$\log rural$
$\log index$	0.617***			
	（0.032）			
$\log bre$		0.598***		
		（0.031）		
$\log dep$			0.343***	
			（0.035）	
$\log dig$				0.328***
				（0.056）
$\log pri$	0.153***	0.117*	0.398***	0.428***
	（0.044）	（0.045）	（0.062）	（0.080）

变量	（模型 1）log*rural*	（模型 2）log*rural*	（模型 3）log*rural*	（模型 4）log*rural*
log*agri*	0.025	0.050**	0.074**	0.072*
	（0.015）	（0.015）	（0.023）	（0.031）
log*tea*	0.332***	0.313***	0.466***	0.669***
	（0.080）	（0.080）	（0.126）	（0.151）
_cons	0.978	1.372	−2.110	−4.435**
	（0.819）	（0.829）	（1.235）	（1.459）
N	126	126	126	126

注：* $p<0.05$，** $p<0.01$，*** $p<0.001$。

二、稳健性检验及内生性处理

（一）剔除不显著控制变量

由表 4.3 的模型 1 可知，控制变量 *agri* 的对数不显著，剔除后进行稳健性检验，表 4.4 中的模型 5 结果显示，log*rural* 与 log*index* 在 1% 水平下显著正相关，且相关系数有所提高，故剔除不显著变量对于该模型有效。

表 4.4　稳健性和内生性结果

变量	（模型 5） 剔除变量	（模型 6） 缩尾处理	（模型 7） 滞后一期	（模型 8）IV
L.log*index*			0.570***	
			（0.023）	
log*index*	0.641***	0.614***		1.014***
	（0.029）	（0.033）		（0.109）
log*pri*	0.164***	0.157***	0.141***	0.624***
	（0.044）	（0.044）	（0.033）	（0.054）

变量	（模型5） 剔除变量	（模型6） 缩尾处理	（模型7） 滞后一期	（模型8）IV
log$agri$	0.326***	0.358***	0.023*	−0.310***
	（0.080）	（0.088）	（0.011）	（0.054）
logtea		0.024*	0.200**	0.260***
		（0.015）	（0.068）	（0.058）
_cons	1.121	0.691	2.762***	−0.847
	（0.822）	（0.916）	（0.684）	（0.509）
N	126	124	112	126

注：* $p<0.05$，** $p<0.01$，*** $p<0.001$。

（二）缩尾处理

为防止极端值存在从而影响回归结果，对连续变量进行1%缩尾处理。模型6结果显示，log$rural$ 与 log$index$ 仍在1%水平下显著正相关。

（三）滞后一期解释变量

针对时间滞后问题，将解释变量滞后一期进行基准回归可缓解该现象。模型7结果显示，log$rural$ 与 log$index$ 的滞后项在1%的控制水平下显著正相关，再次说明了数字普惠金融对湖南省农民的增收效应。

（四）工具变量法

该方法可以较大程度缓解可能存在的内生性问题。参考李彦龙等（2022）和胡骞文等（2022）的研究方法，将互联网覆盖率（$internet$）作为工具变量，并采用两阶段最小二乘（2SLS）进行估计较为合适。同时，为避免数据波动较大，对工具变量也进行对数处理。计算结果（见表4.4）分析如下：经豪斯曼检验，P 值为0，拒绝原假设，选用两阶段最小二乘法。在

第一阶段回归中，工具变量 $loginternet$ 对 $logindex$ 的回归系数在 1% 水平下显著正相关，不存在工具变量识别不足问题；F 统计值为 173.315（大于10），同时最小特征值统计量为 173.747，显著大于 10% 临界值的 16.38，不存在弱工具变量问题；过度检验识别为恰好识别。第二阶段回归结果如模型 8 所示，$logrural$ 与 $logindex$ 的回归系数为正且在 1% 水平下显著，与原回归结果一致，因此工具变量选择有效。

三、异质性分析

通过基准回归模型和稳健性检验后，可以确定数字普惠金融对农民收入起到促进作用。但在乡村振兴背景下，不同农民存在收入差距，数字普惠金融对不同农民也有着不同的影响机制。为全力推进共同富裕目标的实现，研究湖南省不同收入群体的增收效应对于进一步制定湖南省数字金融经济政策、指明湖南省数字金融发展方向具有重要战略意义。因此，本研究采用分位数回归方法，分别从 25%、50%、75%、90% 四个分位点对农民收入进行增收效应讨论，从而体现低收入者、中等收入者、中高收入者、高收入者在数字普惠金融发展下的异质性。具体情况见表 4.5。

表 4.5　分位数回归结果

变量	（模型 9） 25% 分位点	（模型 10） 50% 分位点	（模型 11） 75% 分位点	（模型 12） 90% 分位点
$logindex$	0.581***	0.929***	0.923***	0.780***
	（0.154）	（0.177）	（0.110）	（0.096）
控制变量	控制	控制	控制	控制
N	126	126	126	126
R^2	0.6281	0.6145	0.6530	0.7074

通过表 4.5 可以发现，模型 9 至模型 12 均在 1% 水平下显著正相关，即数字普惠金融对于湖南省全体农民都有增收效应。进一步观察各分位点解释变量系数可知，50% 分位点下的系数值最大，其次是 75%、90%、25% 分位点。由此可证，2014—2021 年数字普惠金融对于湖南省中等收入农民影响最大，同时数据整体上对中等偏高收入者的影响较低等收入者更大，这与刘心怡（2022）的结论相似。虽然数字普惠金融与传统普惠金融相比更有利于解决金融市场长尾需求，减贫增收，但考虑到低收入群体在数字金融领域接收信息相对滞后并且信息渠道较窄，故就湖南省而言，数字普惠金融对于农村低收入居民具有增收作用，但迫于数字基础设施建设不同步、数字金融知识了解量不够等原因，短期内其对中等及中等偏高收入者的增收效应更大。

四、结论

研究表明，数字普惠金融对湖南省农民收入增长存在促进作用，且数字普惠金融指数的子指标覆盖广度、覆盖深度、数字化程度对农民都起到正向作用，但影响力逐渐减小。同时，从描述性统计结果中知，随着经济的迅速发展，农民收入迅速提高，城乡收入差距也相应加大，不利于县域数字金融的均衡发展，制约了湖南省共同富裕目标的实现。从异质性分析结果来看，当前湖南省县域数字金融发展速度赶不上城乡居民收入差距扩大速度，从而导致低门槛低成本手段下数字普惠金融的使用价值难以发挥更大效益，县域数字普惠金融对中高收入者影响更大，故需要加快数字普惠金融发展速度，调整重点关注人群，对低收入群体进行适当的政策倾斜。总体来说，湖南省县域数字普惠金融发展速度在逐年加快，对农民发挥的数字化、普惠性特征也越来越显著，体现出湖南省在数字普惠金融建设方面做出的努力与贡献，但其在县域数字金融覆盖面和深入面上的应用研究仍存在一定缺陷，对于县域数字金融产品的创新开发还有待加强，对数字化服务的供给、内容和使用也有待丰富提高。

第五章 湖南省县域数字普惠金融发展助力农民增收的机制

第一节　湖南省县域数字普惠金融发展助力农民增收的宏观机制

一、县域数字普惠金融、经济增长与农民增收

在世界百年未有之大变局中，中国经济发展受到国际国内双重压力的冲击，依靠高投入和低成本竞争的经济增长面临严峻挑战，经济增长转向创新驱动，经济活动趋向数字化特征。在此背景下，数字资源已成为重要的生产要素，数字经济已成为中国经济体系的重要组成部分，相应地，数字金融也成为促进经济增长的重要引擎之一。因为数字普惠金融发展提高了中国金融体系的运行效率和金融的普惠性，尤其是县域数字普惠金融的发展在更大范围内支持经济社会的发展，引领经济社会变革，促进经济增长。

经济增长是财富积累的重要途径，居民收入则能随着经济快速发展而提高，因为促进经济增长既有助力社会财富的增加，也有利于减少失业等社会问题。从收入分配的视角来看，经济增长有助于缓解区域和城乡收入不平衡。因为经济发展到一定水平，会促使生产要素从城市流向农村，从而有利于农民增收。数据显示，从1978—2022年，随着湖南省人均GDP的增加，农民人均可支配收入从142.56元上升到19 654.2元，而人均GDP的增速与农民收入增速的变化趋势相似。

二、县域数字普惠金融、乡村产业振兴与农民增收

（一）县域数字普惠金融助力乡村产业振兴的直接影响

县域数字普惠金融助力乡村产业振兴的直接影响有：一是县域数字普惠金融改善农村金融服务环境。由于乡村地区经济发展相对落后，因此金融服务农民群体的覆盖面不广，且金融服务环境相对较差。数字普惠金融的发展，促进了信息的流动共享，有效地降低了传统金融对乡村产业所设置的金融服务门槛，改善了乡村地区金融服务环境，提高了乡村金融服务的覆盖广度，使农民群体享受有效的金融服务。二是扩大了乡村产业获取金融服务的可获得性。数字普惠金融有效降低了乡村产业获取金融服务的门槛，扩大了金融产品与服务的可获得性。在传统金融服务中，如果乡村产业中的微观企业个体与城市企业个体同时向金融服务部门要求其提供金融服务，很大程度上会导致大量的金融服务流向城市企业，使金融资源过剩型错配。数字普惠金融采取互联网、大数据、云计算等技术，通过信息的高效、高覆盖流动，降低了乡村产业获取金融服务的门槛，使乡村产业能够较为均等地享受金融服务。三是促进乡村产业融合发展。产业集群理论指出了产业与金融双向互动、融合发展在理论上具有可能性。数字普惠金融依靠其优势，优化产业之间的资源配置，缓解传统金融引发的金融排斥，促进信息交互流通，提升风险应对能力，利用数据这一新型的先导生产要素对其他要素进行赋能和增效，进而促进乡村产业融合发展。四是推动乡村产业资源合理配置。数字普惠金融发展，会促进资源配置优化，推动乡村产业内生产要素与资源的合理分配。传统农业产业体系由于生产效率低，无法形成规模化、现代化生产，效益、报酬偏低，导致传统农业产业体系内生产要素及资源向其他产业体系流动，形成了大量闲置、过剩的生产要素与资源。数字金融的发展利用其数字化优势，对资源进行有效整合、调配，推动了其他产业体系中过剩的、不

合理的、闲置的资源向乡村产业体系流动，促进乡村产业体系有资源可用，有资源能用，进而推进乡村产业振兴。

（二）县域数字普惠金融助力乡村产业振兴的间接影响

数字普惠金融在利用互联网技术发展的同时，借助现代计算机技术中的大数据分析技术、云计算技术、数据信息处理技术等推动科学技术不断创新，同时会反作用于数字普惠金融本身的发展，使数字普惠金融更加安全、高效。此外，数字普惠金融发展会为科技创新提供金融支持，推进科技发展。在数字普惠金融、科学技术创新发展的同时，乡村产业也会受到其落地成果转化后的作用影响，推动乡村产业结构变革，促进乡村产业进一步发展，从而促进乡村产业振兴。此外，传统金融和数字普惠金融在推动乡村产业发展的过程中，两者主要表现的区别：传统金融由于其资本特性与局限性，导致传统金融对乡村产业可能存在金融排斥现象；数字普惠金融的发展面向的是普惠大众的普惠金融，这势必会抢占传统金融的市场份额，倒逼传统金融减缓对乡村产业的排斥效应，推进乡村产业发展。

（三）乡村产业振兴与农民增收

乡村产业振兴对农民增收的影响主要体现在：乡村产业振兴促进农业产业横向和纵向融合发展。其中，农村产业的横向融合发展，可以提高乡村产业的生产效率，有利于节约资源，减少交易成本，带动技术创新，提高生产效率，降低农民经营风险，进而促进农民增收。乡村产业的纵向融合发展，会延伸农业产业链，提升农产品的附加值，充分调动农民生产积极性。同时，农村产业的融合会催生农业新业态，如旅游农业、都市农业、生态农业等，吸引更多的资金、技术、人才等投入农村建设，不断扩大农村产业规模，创造更多就业岗位，增加农民收入。

三、实证分析

（一）变量选取

1. 被解释变量：农民收入增长（y），研究选取农民人均可支配收入来衡量。

2. 核心解释变量：①数字普惠金融指数（DIF）。根据数据可得性，北京大学数字金融研究中心发布的"北京大学数字普惠金融指数"能较全面地衡量县域数字普惠金融发展水平。②人均 GDP。经济增长用人均 GDP 衡量。③乡村产业振兴指数（RRI）。乡村产业振兴是一个综合的概念集合，多数学者采取政府相关部门公布的报告、文件，并依据不同的产业类型、产业性质等对其进行测度。此外，大部分学者研究乡村振兴大多基于乡村振兴的宏观研究，对于指标的构建并不具有针对性，衡量产业振兴测度方面存在遗漏指标变量的偏误。基于此，本研究提取乡村产业振兴作为一级指标，进而对其单独构建并细化其指标评价体系，测度乡村产业振兴水平。

3. 控制变量：①财政支农强度（CZ）。采用财政农林水事务支出与农业 GDP 的比值度量财政支农强度。②受教育程度（EDU）。把受教育程度作为衡量农民素质的重要标志。

（二）模型构建

在上述理论分析的基础上，为检验数字普惠金融通过促进经济增长和乡村产业振兴，进而影响农民收入增长的作用机制，构建模型如下：

$$\ln y_{it} = \alpha_0 + \alpha_1 \ln DIF_{it} + \alpha_2 \ln GDP_{it} + \alpha_3 \ln RRI_{it} + \alpha_4 \ln EDU_{it} + \alpha_5 \ln CZ_{it} + u_i + \varepsilon_{it}$$

$$（5.1）$$

其中，y_{it} 表示第 i 个县市区第 t 年的农民收入，DIF 表示数字普惠金融指数，人均 GDP 表示经济增长，RRI 表示乡村产业振兴指数，EDU 表示受教育程度，CZ 表示财政支农强度，u_i 表示个体固定效应，ε_{it} 表示随机误差项。

（三）数据来源

依据数据可得性和完整性，从湖南省 4 个城市群选取 20 个县市区 2011—2021 年的数据为样本，上述变量的原始数据除数字普惠金融数据来自北京大学数字金融研究中心外，其他变量数据来自历年《湖南省统计年鉴》《湖南省农村统计年鉴》。其中，乡村产业振兴指数根据 2019 年国务院发布的《国务院关于促进乡村产业振兴的指导意见》文件对指标进行测度。

乡村生产产业体系采取农村有效灌溉面积、农村用电量、农作物播种面积、农作物化肥使用量以及农业机械总动力衡量；乡村信息服务体系采取邮政农村投递路线总公里数、电话普及率衡量；乡村生态环保体系采取森林覆盖率以及农村用水总量衡量。乡村产业振兴评价指标体系如表 5.1 所示。

表 5.1　乡村产业振兴评价指标体系

一级指标	二级指标	三级指标	单位	属性
乡村产业振兴	乡村生产产业体系	农村有效灌溉面积	千公顷	+
		农村用电量	亿千瓦/小时	+
		农作物播种面积	千公顷	+
		农作物化肥使用量	万吨	−
		农业机械总动力	万千瓦	+
	乡村信息服务体系	邮政农村投递路线总公里数	公里	+
		电话普及率	百人/部	+
	乡村生态环保体系	森林覆盖率	百分比	+
		农业用水总量	亿立方米	−

基于上述评价指标体系，本研究参考葛和平、朱卉雯（2018）的做法，利用面板熵值法对以上 9 个三级指标数据进行降维处理，并计算出其评价得分。计算过程如下：

首先依据指标属性划分，对上述三级正向与负向指标 R_{int}（第 i 个个体第 t 年第 n 个指标）进行标准化、归一化处理，计算公式如下：

$$R'_{\text{int}} = \frac{R_{int} - \min\{R_{nt}\}}{\max\{R_{nt}\} - \min\{R_{nt}\}} \tag{5.2}$$

$$R'_{\text{int}} = \frac{\max\{R_{nt}\} - R_{nt}}{\max\{R_{nt}\} - \min\{R_{nt}\}} \tag{5.3}$$

然后利用熵值法计算评价指标的熵值，计算公式如下：

$$e_{nt} = -\frac{1}{\ln m} \sum_{i=1}^{m} \left(\frac{R'_{int}}{\sum_{i=1}^{m} R'_{int}} \times \ln \frac{R'_{\text{int}}}{\sum_{i=1}^{m} R'_{\text{int}}} \right) \tag{5.4}$$

之后计算各指标的权重：

$$w_{nt} = \frac{1 - e_{nt}}{\sum_{n=1}^{k} e_{nt}} \tag{5.5}$$

最后计算乡村产业振兴评价指数：

$$RRI = \sum R'_{\text{int}} w_{nt} \tag{5.6}$$

在控制变量方面，财政支农强度采用财政农林水事务支出与农业 *GDP* 的比值度量，借鉴张军扩、侯永志（2019）的做法测算受教育程度（*EDU*）。

（四）描述性统计

为进一步显示模型数据的基本情况，对样本数据进行描述性统计。且出于对数据的基本情况考虑，为减少因数据自身特征差异过大造成模型估计偏误，对各类不同的数据变量采取取对数、标准化处理。相关变量的描述性统计如表 5.2 所示。

表 5.2　描述性统计分析

变量名	样本量	均值	标准误	最小值	最大值
ln*RRI*	220	0.316	0.178	0.049	0.656
ln*DIF*	220	4.451	0.271	2.765	5.516
ln*GDP*	220	10.387	0.432	9.230	11.370

变量名	样本量	均值	标准误	最小值	最大值
lnCZ	220	0.539	0.735	0.159	4.362
lnEDU	220	2.218	0.092	2.011	2.548

（五）实证结果分析

研究采用豪斯曼检验，结果拒绝随机效应，采用固定效应模型，实证结果如表5.3所示。估计结果表明，数字普惠金融发展、经济增长和乡村产业振兴对农民增收均有显著的正向影响。

表5.3　基准回归

变量	（模型1）	（模型2）	（模型3）	（模型4）
	xt_1	xt_2	xt_FE	xt_TF
lnDIF	0.0134***	0.0134**	0.0152	0.1092***
	（0.0031）	（0.0065）	（0.0176）	（0.0393）
lnRRI	0.471**	0.455*	0.376**	0.384
	（0.324）	（0.357）	（0.264）	（0.243）
lnGDP	0.194**	0.197**	0.0234*	0.0304**
	（0.324）	（0.324）	（0.0119）	（0.0121）
lnCZ			0.0116**	0.0162***
			（0.0044）	（0.0052）
lnEDU			0.0049	−0.0088
			（0.0548）	（0.0634）
样本量	220	220	220	220
年份	2011—2021	2011—2021	2011—2021	2011—2021
个体固定效应	未控制	未控制	已控制	已控制
时间固定效应	未控制	未控制	未控制	已控制
聚类标准误	未控制	未控制	已控制	已控制

注：* $p<0.1$，** $p<0.05$，*** $p<0.01$。

结合上述理论分析可知，数字普惠金融发展可以直接促进农民增收，也可以通过提高资源配置效率，促进经济增长，进而促进农民增收，同时数字普惠金融发展可通过为乡村产业发展提供金融服务，增加金融服务的包容性，减少金融排斥性，为乡村产业转型发展提供金融要素，不断推动乡村产业振兴，促进农民收入增长。

第二节　湖南省县域数字普惠金融发展助力农民增收的微观机制

数字技术与金融服务融合而成的数字普惠金融，可以依托互联网技术不断衍生新金融业态，创新金融组织和金融产品。尤其是县域数字普惠金融的发展，破解了农村金融面临的排斥性、效率低、风险高等难题，缓解了乡村振兴融资需求，有利于拓宽农民增收渠道。就县域数字普惠金融发展助力农民增收的作用机制来说，前文中的宏观机制是从县域层面讨论了数字普惠金融发展助力农民增收的作用机制，没有客观反映县域数字普惠金融发展助力单个农户家庭增收的作用机制。因此，本节从微观视角识别数字普惠金融发展助力微观农户家庭增收的作用机制。

一、县域数字普惠金融、农民创业与农民增收

综合来看，影响农民创业的因素既有宏观方面因素，也有微观方面因素。宏观因素主要有经济发展水平、金融支持政策、制度环境等，微观因素

主要有创业者素养、年龄、风险偏好和社会资本等，其中，金融支持是影响农民创业的关键因素之一，农民创业受金融约束较为突出。在县域数字普惠金融的发展进程中，随着互联网技术在农村的普及，县域数字普惠金融服务范围进一步拓展，触达能力和金融可获得性逐步提高。数字普惠金融发展可以促使资源合理分配，相应地减少潜在创业者的金融约束，这有利于激发农民创业的活力，也有助于增加农民创业机会，提高创业绩效和创业的成功率。

目前，城乡二元结构和不平等的就业制度，难以拓宽农民增收渠道、改变农民收入结构，因为当前外出务工收入是农民收入的主要来源，但新型农民因就业保障体系不健全，使农民就业积极性受到挫伤，最终影响农民收入的持续增长。而农民创业是农村家庭收入增加的重要途径。一方面，农民创业可以改变农村就业环境，促进农业结构调整和升级，而产业结构决定就业结构，进而使农民就业结构从单一走向多元化，拓宽农民增收渠道；另一方面，农民创业行为促使农村劳动力流向相关行业，增加非农就业，增加受雇型农村家庭的工资性收入。

二、实证分析

（一）模型构建

县域数字普惠金融发展有助于缓解信息不对称，减少对农户融资的约束，提高金融服务效率，使农民获得更多金融支持，进而激发农户创业的动力。同时，县域数字普惠金融的发展可以提升交易的效率，降低交易成本，进而提高创业企业的经营效益。为检验这一作用机制，研究建立了如下模型：

$$E_i^* = \alpha_0 + \alpha_1 DIF_i + \alpha_2 F_i + \mu_i \tag{5.7}$$

$$\text{Prob}（E_i = 1) = \text{Prob}（E_i^* > 0) \tag{5.8}$$

$$P_i = \beta_0 + \beta_1 DIF_i + \beta_2 F_i + \varepsilon_i \tag{5.9}$$

农民创业为虚拟变量，E_i^* 为创业的净效用，$E_i^* > 0$ 表示农民选择创业，反之则不创业，（5.8）式为农民创业的二元选择模型，P_i 为农户家庭收入，DIF_i 为第 i 年的数字普惠金融指数，F_i 为农民相关信息（其他变量），μ_i 和 ε_i 为随机干扰项。

（二）变量选取

1. 农户家庭收入（P_i）。研究采用 2021 年中国家庭金融调查数据中农民家庭总收入来衡量农户家庭收入。借鉴尹志超等（2019）的做法，若农户家庭收入大于零，对家庭收入取对数；若家庭收入小于零，则先将负值取绝对值再取其对数的负值。

2. 数字普惠金融使用。农民使用数字普惠金融的判定，依据家庭成员是否采用"刷卡""电脑支付""移动终端"等支付方式。若采用，则"使用数字普惠金融"值为 1，反之为 0。

3. 农民创业。研究采用虚拟变量来表示农民创业。当农民从事工商生产经营项目，则认为"农民创业"值为 1，否则为 0。

4. 其他变量，包括农民受教育程度、资产负债和风险偏好。

（三）数据来源

研究使用 2021 年中国家庭金融调查数据。该数据样本覆盖了全国除新疆、西藏和港澳台外的 29 个省（自治区、直辖市）的 343 个县区，1360 个村，包含了 34 643 户城乡家庭的微观数据，其中农村住户 12 732 户。数据涉及家庭人口特征、就业情况、资产负债、支出与收入、金融素养、受教育程度等方面。中国家庭金融调查数据汇总了家庭总收入和农业收入的情况，记载了家庭是否经营工商企业及项目的经营情况、家庭成员工作单位的类型、家庭在购物时使用的支付方式等，为研究数字普惠金融、农民创业和农民增收提供了数据来源。本研究的研究范围为湖南省县域，选取样本为湖南省县域农村住户 421 户为样本。

（四）描述性统计

为保证样本数据的完整性，研究人员剔除了关键变量缺失值的样本，根据研究问题的实际，删除了年龄小于 16 岁的户主样本，共得到湖南省 421 个农村家庭的样本数据。变量定义及描述性统计结果如表 5.4 所示。

表 5.4　变量描述性统计

变量	定义	观测值	平均值	标准差	最小值	最大值
家庭收入	家庭收入的对数	421	9.233	3.045	−12.673	15.201
数字普惠金融使用	使用 =1，否则 =0	421	0.124	0.321	0	1
创业状态	创业 =1，否则 =0	421	0.087	0.301	0	1
营业收入	营业收入的对数	421	11.364	1.546	7.022	16.785
教育程度	教育年限	421	7.769	3.654	0	19
风险偏好	风险偏好 =1，否则 =0	421	0.073	0.236	0	1
风险厌恶	风险厌恶 =1，否则 =0	421	0.656	0.432	0	1

（五）作用机制检验

1. 数字普惠金融与农民创业。由于农民创业是 0-1 变量，研究选择 Probit 模型进行估计，为减少模型内生性，选取智能手机使用作为数字普惠金融使用的工具变量。一阶段模型估计的 F 值表明，不存在弱工具变量问题。表 5.5 表明数字普惠金融使用对农民创业具有正向的影响。基于 Probit

和 IV-Probit 的估计结果都表明运用数字普惠金融有利于提高农民创业的概率。

表 5.5　数字普惠金融与农民创业

变量	Probit	IV-Probit
数字普惠金融使用	0.267** （7.301）	7.566*** （2.348）
控制变量	YES	YES
样本变量	421	421
内生性检验		0.002 75
F 值		87.46
Pseudo R^2	0.183	

注：***、**、* 分别表示 1%、5%、10% 的显著性水平。

2. 数字普惠金融与农民增收。在检验数字普惠金融对农民增收的影响方面，同样选取智能手机使用作为工具变量。内生性检验结果表明存在内生性问题，通过弱工具变量检验表明不存在弱工具变量问题。然后利用 OLS 和 2SLS 的估计结果如表 5.6 所示。农民使用数字普惠金融对创业营业收入的正向影响通过显著性检验，与不使用数字普惠金融的农户相比较而言，使用数字普惠金融更有利于提高农户创办企业的营业收入，进而促进农民增收。

表 5.6　数字普惠金融与农民增收

变量	OSL	2SLS	OSL	2SLS
数字普惠金融使用	0.466*** （4.67）	1.238*** （3.48）	0.379*** （3.29）	0.423** （2.64）
控制变量	YES	YES	YES	YES
样本变量	421	421	421	421

变量	OSL	2SLS	OSL	2SLS
内生性检验		0.002 3		0.027 7
弱工具变量检验		107.52		285.86
R^2	0.251		0.255	

注: ***、**、* 分别表示 1%、5%、10% 的显著性水平。

第六章　典型县域数字普惠金融发展助力农民增收的案例分析

第一节　县域数字普惠金融发展助力农民增收的国际实践

县域数字普惠金融的发展，促使服务于农村地区的金融创新在全球范围内兴起，尤其是在农业占比较高的发展中国家，持续保持高发展、高活跃态势。以下几个国家县域数字普惠金融创新比较活跃，这些数字普惠金融创新的实践，为湖南省县域数字普惠金融发展助力农民增收提供了可借鉴的经验，为政策制定者提供了重要的启示。

一、孟加拉国的实践

孟加拉国是一个农业资源较为优越的国家，耕地占国土面积的 70.1%。该国地处恒河下游，土地多为冲积平原，土质疏松肥沃，非常适合很多农作物耕种。农业曾长期是该国的关键产业，也是目前给孟加拉国带来就业机会最大的产业。近 20 年来，孟加拉国的金融创新在农村减贫方面取得了显著的成就。

（一）数字普惠金融发展状况

在 2008 年全球金融危机之后，孟加拉国把促进包容性增长的普惠金融作为了政策重点之一。银行和小额信贷机构着力加强金融下沉度，提高金融服务可获得性。金融账户（金融账户可以是银行账户、小额信贷机构会员或移动金融服务账户）的数目有了明显增加，金融账户的比例从 2011 年的 31.74% 跃升至 2021 年的 56.05%。同时，银行和小额信贷机构在农村地区引入小额信贷计划，激活了金融包容性经济，使部分农民获得了信贷服务的机会。但由于数字普惠金融利率高等因素，仍有很多农民未获得基本的金融服务，金融的包容性和普惠性仍未得到充分体现。为此，商业银行通过经营的代理银行系统，向农民提供有限规模的金融服务，如允许用户收取汇入的外国汇款、收取现金存款和提款、支付水电费、发放贷款等。仅 2019 年商业银行通过代理银行在孟加拉国收集了价值 524.8 亿塔卡的储蓄，但只有约 23.7 亿塔卡以贷款形式发放，仅占总金额的 4.48%。也就是说，孟加拉国的数字普惠金融还存在诸多挑战，不过它的"格莱珉模式"是迄今为止规模最大、运作最成功、影响力最大的小额信贷模式之一，值得其他国家学习和借鉴。

（二）助力农民增收的典型案例

孟加拉国政府启动了数字倡议，其中包括公民连接、人力资源开发和政府服务的数字化。为了加快推进公共和金融服务的数字基础设施，在公私合作框架下，一些数字科技企业与全球援助机构（如联合国开发计划署和美国国际开发署）合作开发数字金融平台。为了确保金融服务，政府的突出举措之一是数字金融服务实验室（DFS Lab）。数字金融服务实验室是孟加拉国中央银行推出的一项联合举措，目的是发展和扩大数字金融包容性。关于数字普惠金融，数字金融服务实验室提出了一些新的措施，其中包括"农村电子商务"倡议，提高金融知识，以及改革政策和监管框架等。

孟加拉国全国有众多的商业银行和分支机构。然而，这些银行服务的对象主要是城市居民，因为大多数银行的客户都住在城市地区。为了确保银行服务能够惠及农村地区的穷人，孟加拉国在 2011 年推出了移动金融服务。自从推出移动金融服务以来，孟加拉国已经通过移动金融服务见证了革命性的金融变革，移动金融服务已经证明并彻底改变了孟加拉国的数字金融。虽然所有这些移动金融服务都是由私人和商业银行提供的，但政府主动与孟加拉国邮局合作，以 Nagad 的名义提供数字金融服务。在受 COVID-19 大流行影响期间的孟加拉国，移动金融服务提供者在减轻不利的经济影响方面发挥了关键作用。

尤其是格莱珉银行推行了独特的微金融模式。其特点有：一是面向最贫困的穷人和妇女，向妇女发放的贷款占格莱珉银行贷款发放总额的 95% 以上。而接受格莱珉银行贷款的人必须满足"名下无土地"的条件。二是团组制下的无担保贷款。格莱珉银行提供的贷款必须用于产生收入的生产活动，或贫困家庭的住房建设。三是组织形式适应乡村特点。在格莱珉银行的贷款发放系统中，是由银行工作人员到乡下去把贷款发到借款人手中，以及收取还款。

二、巴西的实践

巴西的农牧业十分发达，一直是世界蔗糖、咖啡、柑橘、玉米、鸡肉、牛肉、大豆的主要生产国。巴西还是世界上第一大咖啡生产国和出口国，素有"咖啡王国"之称。农业是巴西经济的主要支柱之一，近 20 年来，巴西的农业和畜牧业占 GDP 的比重约 25%。

（一）数字普惠金融发展状况

巴西拥有拉丁美洲规模最大、利润最高的银行业之一，也是世界上最发达的金融市场之一。但是巴西的金融体系服务费用高昂，而且许多人无法获得银行服务。巴西的金融体系动荡不定，往往让其公民几无选择余地。全球农村金融创新报告《数字金融助力全球减贫 2021》相关数据显示，巴西的支付领域呈现高度集中化，五家大银行占了支付市场超过 80% 的份额。五家大银行也占据了贷款市场 85% 的份额。因为几乎没有竞争压力促使其改进，这五家大银行对客户一直不友好。顾客开个银行账户可能得去本地分行好几次，电话客服支持不足，在线服务并不存在。有约 5 500 万人，即巴西人口的 1/4，被认为没有银行账户。为助力农民增收，巴西出现了约 200 家金融科技公司，这些公司主要服务于农业初创企业和农民。

（二）助力农民增收的典型案例

1. Gira 公司通过网络平台和移动应用程序，推广了一种新型的 CPR 金融工具。该公司通过在农业收获期内管理应收账款，确保正确规划、安全执行以及完成应收款的结算，管理农业企业交易中现有的风险链条，最大限度地降低风险。首先，农场和相关人员必须在信贷程序中注册，提供所有必要的文件供分析和注册批准。接下来，农民将被告知基本数据、抵押农作物、文件照片和制导雷达上的地理定位概况，这也将确保授信符合法律和农业规定，适合每种需求的情况和历史。在种植过程中，CPR 机制能在每个阶段规划调查，全程发布跟踪报告和地理参考照片，监测每个阶段的风险地图，并获取报告和调查。其次，使用 CPR 在信用工具的安全性、文件准备的灵活性与信息的安全性方面带来许多好处，可以帮助分销商、农业综合企业、投资基金评估和监控其信贷业务风险。

2. Nubank 作为拉丁美洲的一家挑战者银行和最大的金融科技银行，其主要产品之一是虚拟信用卡。它是免费的，个人可以在上面申请贷款，买人寿保险和投资，是个人通过手机 App 就能玩转的信用卡，而且只要年满 18 岁，是巴西居民，不需要信用评估就可以开设数字账户，省去了冗杂的程序。因为 Nubank 可以与用户建立联系，且在分析信用卡需求时获取更多信息。拥有数字账户并不能确保虚拟信用卡的获批，但这并不意味着用户名下有逾期或他是坏用户。大部分申卡需求被 Nubank 拒绝不是由于申请人的财务状况出了问题，而是仅仅因为缺少申卡人的信息，而这个问题可以通过使用 Nubank 账户来解决。Nubank 从 2019 年开始提供个人贷款，每月利息在

2.1% 到 5%。

3. TerraMagna 是一家专注于减少农业企业风险的金融科技公司，其主要创新点是它采用了一种独特的技术，可以用比传统市场更快的方式向分销商和农业生产者授信，而且利率更合理。其平台会评估生产者的历史、生产能力，并且通过卫星监测和其他技术追踪作物从种植到收获的过程。这可以让中小型农场主获得价格合理的信贷，可以为农民定制个性化信用评分，并准确获得抵押品估价。而通过卫星图像，TerraMagna 可以实时跟踪作物状况，并预防由于难以监测农作物抵押品而导致的欺诈，由此将农产品生产和销售产业链引进了资本市场。首先，TerraMagna 技术分析农民与其选择购买农资的零售商之间的订单。其次，TerraMagna 可以把这些订单信息提交给资本市场的投资者，向投资者销售农业债券。一旦投资者购买了这些债券，零售商将收到现金，而农民将收到农资。

三、印度的实践

全球农村金融创新报告《数字金融助力全球减贫 2021》相关数据显示，印度的耕地面积较多，农业产量居世界第二，农业对 GDP 的贡献超过 17%。在印度，约有一半的劳动力从事农业。由于印度规定只有 2 公顷以上耕地才能得到银行借款，而印度大多数耕地面积小，低于 2 公顷，约占耕地的 86%，因此，农民获取金融服务的渠道主要依赖非正式信贷。

（一）数字普惠金融发展状况

依据《数字金融助力全球减贫 2021》报告，有数亿生活在农村地区的印度人没有信用记录，主要由于在印度农业不被银行视为一项正式的业务，向农民提供贷款会被视为高风险授信。为缓解农民融资需求，近年来印度政府和中央银行一直着力推动普惠金融。但这是一项艰难的任务，因为农民普遍收入低下，缺乏稳定的收入来源。银行试图为农民开设银行账户，以完成政府推行普惠金融的任务，但银行并不鼓励农民使用这些账户，甚至不给农民提供金融服务，因此难以提高金融服务的普惠性和包容性。其原因是缺乏激励机制，农民想通过数字普惠金融获取信贷，但银行不愿意给农民提供信贷，认为农民信用不好。

为此，印度政府依托数字金融技术不断深化支付系统以外的金融包容性。首先，数字普惠金融弥补了小额信贷和小额保险的一些弱点。依托数字金融技术使管理小额信贷和小额保险的成本更低、速度更快，并可以收集数据，甚至使没有接触过正规金融部门的人获得金融产品服务的机会。其次，数字普惠金融催生了一个进行信用记录的 Udyog Aadhar 平台，它可以连接企业和企业家，用来申请信用担保和免税。这样，金融机构利用大数据能够确定中小企业的风险和信用价值，可以更容易、更大规模、更便宜地向中小企业提供信贷。另外，数字普惠金融和区块链的发展有可能消除腐败，将非正规经济纳入正规经济。

（二）助力农民增收的典型案例

1. JAM（Jan Dhan、Aadhar 和 Mobile 三者合一在印度产生了金融包容性革命。JAM 释放出了一系列的金融创新，深化了数字普惠金融。这些创新横跨整个金融生态系统，包括通用银行、支付银行、非银行金融公司、电信公司、独立支付公司、电子商务平台，以及生物技术和金融技术方面的技术公司。即使只有一部功能手机，农民也可以将账户与手机号码连接起来，甚至没有手机，农民仍然可以通过支持 Aadhar 的支付系统去 ATM 和银行获得金融服务。

2. Jai Kisan 公司致力普及印度乡村地区金融服务，通过把农民和其他类似专业人士视为业务合作伙伴而不是消费者，为印度农民提供更多的金融服务。公司开发了自己的系统——Bharat Khata，该系统帮助个人和企业获得费用低廉的融资，并确保他们筹集的资金用于农业投入和设备购买，以及其他增收用途或者促进农村商业发展的交易。

3. Samunnati 是根据印度储蓄银行法案注册的非存款类非银行金融公司，为全国的农业和相关价值链参与者提供定制的金融和非金融解决方案。该公司是农业金融领域的专业实体，通过包括贸易商、战略供应商等在内的大型基地进行农产品交易。为了帮助农业企业满足营运资金和日常需求，公司提供定制透明和灵活的农业定期贷款等金融解决方案。Samunnati 支付卡是一种基于二维码的虚拟卡，支持农民直接从他们的贷款账户中支付投入或其他资源。支付卡与特定的注册商户列表相关联，以确保借入的农业贷款用于其原始目的。Sammunati 为农业价值链金融参与者提供一系列专业和个人咨询服务，促进价值链金融参与者之间的连接，并协助扩大农业融资，使客户能够通过定制的金融服务提高效率。

四、肯尼亚的实践

肯尼亚农业规模庞大，是其经济发展的支柱产业。2022 年农业对全国 GDP 的贡献为 21.2%，农村人口占全国人口的 71%，约 2/3 的农村人口就业于农业部门，人口文化素质普遍偏低，识字率只有 83%，且大多集中在农村，农民整体科技文化水平偏低。

（一）数字普惠金融发展状况

全球农村金融创新报告《数字金融助力全球减贫 2021》相关数据显示，由于肯尼亚金融机构仅向农业领域提供总贷款额的 3.3%，农业项目也仅占肯尼亚国家预算的 2.3%，长期投资不足持续削弱小农户的生产力。农民融资困难，部分原因是对肯尼亚的金融机构来说，缺乏可靠的风险评估信息。很多肯尼亚小农户没有银行账户，被排除在普惠金融之外，缺乏能核实或证实收支的信用档案。

随着数字金融技术的推广，特别是智能手机的普遍使用，肯尼亚通过发展数字普惠金融助力农民增收取得了显著成效。尤其是随着肯尼亚式支付宝M-Pesa 的推广，肯尼亚在移动货币系统方面取得明显进步。M-Pesa 可通过移动终端设备让用户实现存款、取款、转账、购买商品和服务、获取贷款，为肯尼亚农业金融的创新奠定了基础。

（二）助力农民增收的典型案例

1. FarmDrive 是一家替代性信用评分公司。它搜集汇总可替代性数据，比如个人数据、社会数据、农业与环境数据，并在此基础上为非洲小农建立信用评分机制，以链接信誉良好的小农户与金融机构，提升农民种植产量，增加其收入；构建替代性信贷风险评估模型，开发适合小农户需求的金融产品，有效地增加金融机构的农业投资组合，降低风险与运营成本。农民可以通过平台记录他务农的支出、收入和产量，为详细估算可能的产出并评估相应的信用风险奠定基础。农民可通过手机完成借款和还款，十分便捷，手续费用也低廉。这样可缩短人工评估农民信用度、发放农业贷款的时间，从而促进农业利润的增长。

2. DigiFarm 是免费数字农业平台，为农民提供便捷的一站式服务，包括以优惠价格供给高质量的农资、提供农资贷款及提供从农场到市场的课程培训等。要获得贷款，农民需要和 DigiFarm 签订协议，并根据协议，种植一个特定价值链上的作物。具体来说，农民会在谷歌商店下载 DigiFarm App，然后根据其中的指引注册和签约。此后，农民可以点击 App 中的"贷款"一栏申请贷款，并获得一个信用凭证（农民无法直接获得现金）。通过这个信用凭证，农民可以在 DigiFarm 距离自己最近的农业经销商那里，以折扣价兑换饲料、种子和化肥。这种贷款让农民可以在农业季节开始时获得农资，然后在农业季节中期或收获并出售农产品后一点点地偿还。一旦农民在农业季节结束时将其产品出售给 DigiFarm（DigiFarm 提供有竞争优势的价格），贷款余额将通过结账流程自动扣除。贷款金额取决于每英亩作物所需要的投入，包括每月 1.83% 的便利手续费和 15% 的强制性保险。在贷款之外，农民还能获得其他增值服务，比如专业种植技能培训、农业保险。DigiFarm 会基于农民过去从银行、肯尼亚国家储蓄信用协会和手机银行平台的还款情况，判断农民是否能获得贷款。贷款额度是由签约农民所种植的农产品和种植范围两者共同决定的，信贷额度也会随季节不同出现调整。

第二节　县域数字普惠金融发展助力农民增收的国内实践

中国是传统农业大国，根据 2022 年度全国国土变更调查成果，全国共有耕地 12,758 万公顷。与此同时，农村人口占比较高。"三农"问题一直是促进中国协调发展的关键所在，也是共同富裕进程中的重要堵点。在乡村振兴战略实施过程中，数字普惠金融发展为农民增收提供了重要的推动力。从世界范围看，中国的县域数字普惠金融发展助力农民增收取得了显著成效。中国为 5.1 亿居住在农村的人口提供更为便利的金融服务，在涉农用户覆盖量、参与的金融机构、技术创新度、贷款规模等方面走在了世界前列，并提供了一条可资借鉴与拓展共享的道路。政府重视发展数字普惠金融，将其作为实现乡村振兴的重要抓手。

一、典型县域数字普惠金融发展状况

总体来看，县域数字普惠金融服务产品设计存在差异，因此在数字普惠金融业务，如授信总额、授信客户数量、科技金融平台等方面也存在明显差异。本节选取介绍了广西巴马瑶族自治县、重庆秀山县、湖南安化县、四川广安市的数字普惠金融发展状况。

（一）广西巴马瑶族自治县数字普惠金融发展状况

截至 2023 年 11 月，该县已评级农户 6.33 万户，信用履约户数占比为 93.38%；全县有 10 个乡（镇）、109 个村（社区）均全部参评，信用履约率分别为 100%、80.37%；全县有 365 个新型农业经营主体（含村集体经济组织）全部参评，信用履约率为 60.76%。自 2017 年以来，已授信农户 1.159 3 万户，授信金额 12.5 亿元；授信行政村 109 个，授信金额 3.27 亿元；授信新型农业经营主体 164 家，授信金额 3.92 亿元；已累计发放 3.9 万笔共 24.08 亿元信用贷款。在金融改革帮扶的有效支持下，该县金融机构积极发放"三农"贷款，为全县农业增产、农民增收提供了资金保障。

（二）重庆秀山县数字普惠金融发展状况

截至 2022 年，农行秀山支行对茶叶等特色产业发放"惠农 e 贷"，授信用户达 6 800 多户，授信额度约 6 亿元，覆盖了全县 16 个乡镇，其中茶叶企业 22 户，授信金额 4 025 万元。秀山县农商行对农户的线上授信户数超过 3 万户，总授信额度达到 60 亿元。

（三）湖南安化县数字普惠金融发展状况

截至 2022 年，农行安化支行受理线上贷款申请 1 843 笔，共计 14 324 万元，占贷款余额的 3.5%，线上直接审批 256 笔，总额达 4 552 万元，其中发放网捷贷 173 户，共计 998 万元，针对农户和现代农业经营主体的"惠农e贷"1 732 户，共计 10 842 万元。安化农村商业银行发放线上贷款 1 204 笔，共计 13 503 万元，占全部贷款笔数的 47%。

（四）四川广安市数字普惠金融发展状况

截至 2022 年，广安农村信用社的客户中获取线上授信的客户大约有 10 万户，授信总额约 25 亿元，其中 46 家新型农业经营主体授信 175 万元。农行广安支行自 2020 年起推出线上贷款，最高可发放 30 万元的信用贷款，2022 年共投放农户贷款 4 000 多万元，其中线上授信用户数超过 100 户，通过手机端线上申请并获得贷款的额度累积超过 2 000 万元。

二、典型县域数字普惠金融发展助力农民增收的实践

（一）广西巴马瑶族自治县的实践

广西巴马瑶族自治县从经济、政治、文化、社会、生态文明五个领域设置衡量信用标准，为农户、新型农业经营主体、行政村、乡（镇）建立契合乡村振兴考量的信用指标体系。该县将农村金融改革与社会治理相融合，通过信用体系评级赋值，把差别化金融支持、公共服务与信用积分挂钩，信用分值越高，获得的支持越多。同时，该县积极引导农户摒弃"等靠要"思想，破解"越扶越懒"等社会治理困境。

具体来看，广西政府采取了以下一些通过数字普惠金融发展助农的措施，这些措施促进了巴马瑶族自治县的数字金融发展。

1. 充分运用"桂惠贷"支持企业融资。督促金融机构抓好"桂惠贷"在民族、边疆地区的组织实施，加强政策宣传和金融普惠产品推广，面向市场主体加大金融优惠政策宣传。优先支持符合条件的民族地区企业申报纳入

"桂惠贷"名单制产品名单，及时向金融机构推送企业融资需求。积极支持民族工作主管部门深化与金融机构合作，结合"桂惠贷"政策开展金融产品创新，更好地满足企业的个性化融资需求。引导金融机构靠前保障民族区域贴息额度需求，加大优惠利率贷款投放力度，扶植民族区域特优产业发展。

2. 推动政金企融资高效对接。线下充分发挥区市县三级政金企融资对接机制作用，支持民族区域、民族工作主管部门、金融机构组织开展融资对接活动，促进银企深入对接。线上充分发挥金融科技平台作用，引导民族地区企业通过广西综合金融服务平台、"桂惠贷"微信小程序等发布融资需求，督促金融机构及时对接，促进银企对接批量化、智能化。加大对融资项目的跟踪、监测、服务和协调力度，帮助企业提高获贷效率。

3. 激活资本市场融资潜力。对注册地在民族自治县、边境县市的企业，在北部湾股权交易所挂牌、托管、发债备案等给予费用减免20%。每年至少组织资本市场专家开展一次民族自治县、边境县市企业直接融资培训，提升民族自治县企业对接资本市场的意识和能力。每年至少组织资本市场专家开展一次民族自治县企业调研帮扶活动，指导帮助企业解决上市（挂牌）过程中遇到的困难和问题。引导各类基金公司、小额贷款公司、商业保理公司机构下沉设立分公司，支持民族地区设立融资担保、小贷公司、典当行，在依法依规的前提下，包容设立机构，支持当地金融业发展。

4. 依托资源禀赋坚持特色金融引领。打造一批特色金融城市和金融改革示范区，支持民族自治县根据各地实际开展金融改革创新，优化金融生态环境，为地方经济发展提供金融支撑。推广运用"田东模式"再升级。打造绿色金融示范区，走出绿色、环保、可持续发展的新路子。利用面向东盟的金融开放门户建设政策优势，向民族区县延伸，孵化集群式发展模式。

（二）重庆秀山县的实践

重庆秀山县针对典型的村集体经济实施帮扶，着力通过"党支部＋金融机构＋N"模式，帮助农村建强党组织、确立支柱产业、壮大村集体经济、提升民生保障水平，助推乡村全面振兴取得显著成果。

该县通过金融机构和村支部党建结对帮扶，打造了农创基地，创办定点帮扶示范车间。同时，政府联动金融机构提供全面金融支持，在农村大力宣传和发展数字普惠金融，建立惠农服务点，提高农户小额信贷余额，扩大数字普惠金融的普及性和包容性。为解决特色产业合作社建设的资金缺口，金融机构充分利用数字普惠金融，帮扶筹资建立茶叶加工厂。2022年，所建加工厂实现茶叶产值4 000万元，创造灵活就业岗位2 000余个，为群众带来了产业发展的经济实惠。

同时，该县创新金融服务模式，率先创新探索出"信贷＋保险＋基金＋场景"的畜牧业金融服务模式，即除了保险公司介入之外，由金融机构与政府共建产业发展基金，对现代农业生产经营主体采用基金进行贷款担保，既降低了银行的信贷风险，也有效缓解了农业经营主体的融资难题。此外，该县试点智慧乡村综合服务平台，推出了智慧农业、贷款推荐等数字普惠金融场景，结合秀山县实际，不断创新"智慧畜牧贷""富民贷""企业微信惠农通"等数字普惠金融产品，实现了金融服务掌上在线办理。

（三）湖南省安化县的实践

为畅通产业发展堵点，湖南省安化县做好金融乡村产业发展工作，充分运用产业、金融、财政等各方资源，推动辖内各金融机构创新金融产品和服务，多渠道增加农业特色产业金融供给。人民银行安化县支行鼓励辖内金融机构以打造"链上金融"方式优化信贷结构，指导辖内金融机构不断巩固、规范、发展助农取款服务，在全县370个村和63个社区范围内实现助农服务取款点全覆盖，并持续推动县域电子支付建设持续推进，提升农村支付服务水平，在所有景区实现电子码牌全覆盖，为农民提供快捷、综合性的数字普惠金融服务。同时，安化县所辖金融机构与相关产业协会联合设立小微企业互惠贷基金，为小微企业融资开辟了一条新路径，2022 年总授信额度超过 1.2 亿元。

为助推安化县产业升级，2022 年农发行安化支行为茶旅融合项目提供授信 3.65 亿元项目建设资金，成为"茶产业＋文旅"的典型案例；同年，建行安化支行授信 5.5 亿元用于支持安化黑茶特色小镇项目建设，打造了全省首个以"特色小镇"命名的专属信贷产品；安化农商银行对全县 433 个行政村完成整村评级授信，建立农户信用档案 20.25 万户，评定信用农户 18.21 万户，对建立信用档案的农户累计发放贷款 280 多亿元。

（四）四川广安市的实践

四川广安市为不断完善金融服务体系，创新金融服务产品和服务方式，增加低收入群体和薄弱领域的金融可得性，大力发展数字普惠金融。

1. 健全完善数字普惠金融体系。加快农村金融网点布局，实现县乡全覆盖，为小微企业、三农提供更加快捷、高效的金融服务。支持村镇银行在乡镇布设网点，积极发挥小额贷款公司和典当行融资功能，努力提升小微企业融资服务水平。规范发展互联网金融，提高数字普惠金融服务水平，优化农村支付环境，鼓励银行机构和非银行支付机构在农村地区发展移动金融服务，加强网上支付、手机支付的开发和推广，完善电子支付手段。推动信用信息体系建设，探索建立多层级的小微企业和农民信用档案平台，实现企业、个人、农户家庭等多维度信用数据可应用，不断完善金融信用信息基础数据库。截至 2022 年，数字普惠金融服务乡镇覆盖率达 100%、村级覆盖率达 98%，小微企业信用档案建档率达到 90% 以上，农户信用档案建档率达到 80% 以上。

2. 创新数字普惠金融产品和服务方式。创新农村金融产品和服务，围绕农民和小微企业融资特点，引导银行机构积极开展融资租赁、个人财产担保、联保贷款等新型信贷业务，特别加强对涉农行业的金融支持。

3.积极拓展涉农在线保险业务。完善保险基层服务体系，鼓励保险机构开展线上保险业务。大力发展农业保险，鼓励各地因地制宜开展特色在线农险，如天气指数保险、收入保险试点等，精准对接农业保险服务需求。针对小微企业和"三农"发展的需求开发相应的数字保险产品，推出小额贷款保证保险、消费信贷保险等业务。

第三节 县域数字普惠金融发展助力农民增收的经验与启示

一、明确乡村为县域数字普惠金融发展的重点

政府应鼓励金融机构强化县域数字普惠金融发展，将普惠金融发展的重点放在乡村，加大金融支农力度，健全金融支农组织体系，发展乡村数字普惠金融，将县域数字普惠金融发展上升到法规层次，建立健全多层次、广覆盖、可持续的农村金融服务体系。

二、完善数字基建设施

政府应积极改善基础设施，着力布局"互联网＋农村金融"，依托大数据、云计算等技术发展数字金融，鼓励各大金融机构推行线上或线上线下结合的涉农贷款，完善农村金融基础设施和信用信息体系，支持农村地区发展

"互联网+"新业态模式，增强农村地区造血功能。

三、激发县域数字普惠金融参与主体的积极性

农村金融的参与主体是多元化的，既有政策性银行、商业银行，也有小额贷款公司、金融科技公司和保险公司等。政府多鼓励金融参与主体将金融服务下沉到县域，尤其是农村地区，不断创新金融模式。如农业银行通过"龙头企业+信贷服务"，打造全产业链金融支持；邮储银行围绕家庭农场、农民专业合作社推出"惠农e贷"等产品；建设银行与供销社系统的村级服务社合作，提供"裕农通"普惠金融服务，使农民不需要出村，直接去供销社，就可以享受和银行网点一样的"转、取、汇、缴、查"等基础金融服务。此外，一些小额贷款公司为农村的中低收入群体提供在线小额贷款。农村信用社和农商行推出"整村授信"，通过线上先申请，后调查，将贷款调查及授信签约环节前移，实现一次审定，随用随贷。在农业保险方面，除了种植险、养殖险这样的传统险种，保险公司也在创新农险险种，如海洋保险、气温指数保险等产品。

四、大力发展金融科技

政府应鼓励金融机构运用信息技术，创新信用评价方式，解决农村发展金融的难点，让数字信贷、移动支付、互联网保险等金融服务覆盖乡村地区。目前，助农信贷产品有邮储银行的"掌柜贷"、建设银行的"裕农快贷""小微快贷"、工商银行的"惠农贷""e抵快贷""经营快贷"、农业银行的"供销助农E贷"、交通银行的"线上农户贷"等。各地农商行、村镇银行和小额贷款机构也推出了自己的助农信贷数字产品，比如苏州农商行与科大讯飞合作推出了"阳光信贷"，开封新东方村镇银行推出了"惠农贷"。同时，政府应促进移动支付与普惠金融深度融合，使数字红利普惠大

众，提升金融服务普惠性。金融科技公司可通过云计算、卫星遥感、物联网等技术，为县域数字普惠金融发展提供解决方案，通过无接触贷款，解决农村信贷信息不对称的难题，进一步提高县域及农村的小微贷款包容性和便捷性。

第七章　结论与对策

第一节 结论

本研究梳理了县域数字普惠金融发展和农民增收相关理论基础，总结了湖南省县域数字普惠金融和农民增收的发展状况及存在的问题，并选取湖南省 86 个县市区 2014—2021 年数据实证分析了县域数字普惠金融助力农民增收的效应。研究表明，数字普惠金融对湖南省农民收入增长存在促进作用，且数字普惠金融指数的子指标覆盖广度、覆盖深度、数字化程度对农民增收也都起到正向作用，但影响力逐渐减小。从异质性分析结果来看，当前湖南省的数字金融发展速度赶不上城乡居民收入差距扩大速度，从而导致低门槛低成本手段下数字普惠金融的使用价值难以发挥更大效益，数字普惠金融对中高收入者影响更大，故需要加快数字普惠金融发展速度，调整重点关注人群，对低收入群体进行适当的政策倾斜。同时，本研究从经济增长和乡村产业振兴两个视角分析了湖南省县域数字普惠金融发展助力农民增收的宏观机制；从农民创业视角分析了其微观机制。最后，本研究分析了国内外县域数字普惠金融发展助力农民增收的经典案例，为进一步促进湖南省县域数字普惠金融发展、提高农民收入提供经验与启示。

总之，湖南省县域数字普惠金融发展的空间较大，数字金融基础设施还有待进一步完善。

第二节　对策与思路

针对湖南省县域数字普惠金融发展助力农民增收中存在的问题，本研究提出如下对策与思路。

一、完善数字金融基础设施，填平城乡"数字鸿沟"

数字金融基础设施是县域数字普惠金融发展的基础。不断完善数字金融软硬件设施是数字普惠金融服务农村市场的前提保证，有利于提升湖南省县域数字普惠金融服务的广度和深度，填平城乡"数字鸿沟"。特别是对当前基础设施相对落后的城市群，更应改善数字金融发展环境。

（一）改善互联网的覆盖面，提高金融服务的可达性

湖南省县域数字普惠金融的快速发展离不开互联网技术的快速发展。就数字普惠金融的覆盖面来说，除了提升互联网的传播速度，还要提高移动信号的可达性。也就是说，要着力解决县域数字普惠金融发展的通信设施短缺的问题。一是加快农村网络建设步伐。可通过竞争性引入网络通信服务，提供地方补充性网络，覆盖当前县域 4G 或 5G 网络无法覆盖的地区，实现移动互联网络全覆盖。可把农村地区移动网络覆盖率作为地方政府和运营商的考核指标。可利用大数据、区块链、5G 等现代互联网技术进一步提升农村地区数字普惠金融技术基础，增加数字普惠金融对农村地区的覆盖广度和农村地区对数字普惠金融使用的深度，进一步使数字普惠金融真正实现其普惠

特性。二是降低移动网络服务费用，让农民以较低成本，享受速度较快的移动互联服务。三是优化县域数字普惠金融服务点建设。可鼓励县域所辖金融机构通过设立低成本的数字普惠金融代办点或定期流动数字金融服务网点，提供存取款、在线支付和小额贷款等服务，从而为县域数字普惠金融发展创造条件。

（二）完善农民及涉农企业经营主体的征信体系

完备的征信体系可有效缓解信息不对称，有利于提高金融服务效率。根据 2019 年的相关数据，我国数据规模最大、覆盖范围最广的中国人民银行征信系统，已累计收录 9.9 亿自然人、2 591 万户企业和其他组织的有关信息，没有纳入征信系统中的人主要集中在农村或小微经营主体。因此，应积极推动个人征信市场化和商业机构征信合法化，鼓励商业征信机构有序发展，不断完善社会信用体系。

（三）构建农民和新型农业经营主体的信用评级和授信管理数字化系统

县域金融机构的信用评级和授信管理系统需要数字金融业务不断升级，整合线下信用数据、外部征信数据和政府的社会信用体系，不断转向数字化信用评级和授信管理。尤其是面向农民和新型农业经营主体，金融机构更要借助金融科技力量下沉其金融服务，完善农民和涉农企业数字信用评级，这也是开展农村数字普惠金融服务的关键所在。因此要建立农民和新型农业经营主体统一信用档案。由于湖南省各县域农村地域发展情况不同，因此建议以县为单位，设立统一、规范、科学的信用评估标准，为农民信用评级和金融机构控制信贷风险提供依据。同时，可成立权威信息采集机构，严守信用信息"入关口"，再将收集到的信息通过农村信用信息评价平台进行评价和监测，最后形成统一的信用档案。随着农民数字信用评级和授信管理数据的累积，可以利用大数据不断创新金融服务，实现精准信贷和风险管理。

二、做好县域数字普惠金融顶层设计，完善政策体系

（一）强化县域数字普惠金融顶层设计

首先，制定发展规划。数字普惠金融已成为金融服务的主流，国家层面已将其提升到战略高度，但在县域层面缺乏从战略的角度制定促进数字普惠金融发展的规划设计。其次，加强数字普惠金融立法。随着数字普惠金融的发展，新业态不断出现，相关法律法规相对滞后。相关部门应抓紧研究，完善法律法规建设，并在其中设置好促进县域数字普惠金融发展的条款。最后，建立监管协同机制。当前，金融科技公司是未来发展的趋势之一。相关部门要鼓励金融科技公司提供县域数字普惠金融服务，加速资金反哺农村。相关部门在监管过程中，既要维护稳定的金融秩序，保护金融创新，又要防范化解系统性金融风险，保护金融参与主体的权益。针对数字普惠金融混合经营业态，应实现市场监督、税务、公检法等多部门对数字金融进行联合监管，尤其是要完善相关法律法规系统，利用数字技术，如人脸识别、电子签名，建立金融机构风险内控体系，建立数字普惠金融安全、高效的交易环境，优化结算支付环节，减少烦冗的审查环节，增加金融要素流动、配置效率。

（二）强化地方政府对数字普惠金融的支持

首先，县级政府要充分认识到县域数字普惠金融发展对促进地方经济增长的积极作用，结合本地特色产业，建立健全具有县域特色的数字普惠金融政策。其次，县级政府要强化与传统金融机构和金融科技公司的合作，允许金融机构合理合法运用政府政务数据，不断充实数字普惠金融基础数据库，

并在合作过程中保持开放态度。最后，县级政府要充实县域数字普惠金融监管人才，提升县域数字普惠金融监管机构的地位，促进县域数字普惠金融有序健康发展。

（三）促进县域数字普惠金融协调发展

政府可通过顶层设计进一步平衡县域之间的发展水平，降低区域差异性，促进县域数字普惠金融各区域间协调发展。湖南省各城市圈区域应当进一步加强县域数字化建设，不仅体现在完善数字化网络基础服务措施的建设，还应该向微观群体普及数字普惠金融，进一步缩小各区域差距，使普惠金融真正普惠农民群体和涉农产业。具体做法如下：首先，地方政府应建立强扶弱的帮扶机制，加强数字普惠金融技术基础服务设施的技术帮扶工作，对被帮扶县市区建立帮扶清单，针对清单问题进行针对性解决；其次，在帮扶清单的基础上，动态把握数字普惠金融发展偏弱的县市区的瓶颈，针对弱项进行技术指导。

三、健全县域数字普惠金融体系

（一）健全县域数字普惠金融组织体系

构建多层次、多元化的县域数字普惠金融组织体系是提高农民收入的有力保障。金融机构要根据当地农村、农民和农业发展的实际需求，实行切实可行的改革，提高金融服务的包容性，以满足农村金融市场多元化的需求。

加强商业性数字普惠金融对农村发展的支持力度。商业性数字普惠金融资金实力雄厚，传统网点众多，在促进农村经济发展和提高农民收入中发挥着重要作用。要积极建立商业性数字普惠金融对农村经济的服务机制，加大对农村发展的支持力度。要增设商业性数字普惠金融在乡镇基层的服务网点，充分利用农村生产要素，拓宽涉农业务种类，扩大金融服务范围。要强化商业性数字普惠金融的社会责任，发挥其雄厚的资金优势，增加对现代农业的授信额度，并运用数字手段刺激农村金融消费，提高农民生产能力和生活质量水平，助力农村经济发展。此外，政府可采取营业税收减免、存贷利差补贴、促进银企合作等优惠政策，鼓励商业性数字普惠金融支持"三农"发展，促进农民增收。

充分发挥合作性数字普惠金融的支农作用。合作性数字普惠金融是农村金融组织体系的主要组成部分，应该立足广阔的农村地区，满足农民金融服务的需要，强化金融支农的宗旨，进一步发挥支农的作用。合作性数字普惠金融可根据当地经济发展的实际情况，制定出不同的农村金融扶持政策。针对农村落后地区，主要以个体农户弱势群体作为信贷服务对象，给予贷款优惠，提高农民收入。另外，可配合当地政府部门，提升农村生产基础设施建设信贷资金的投入比重，帮助农民致富，提高生活质量。针对农村较发达地区，合作性数字普惠金融服务致力于扶持当地龙头企业，调整乡镇产业经济结构，促进农民参与就业，增加非农收入，带动村民集体致富。

强化政策性数字普惠金融的引导作用。农民收入较低，农业产业不稳定，风险较大，导致趋利避险的金融资金不愿投入农村市场，使农村经济发展缓慢。目前政策性数字普惠金融的业务范围相对于完备的农林牧渔产业结构，还不能满足农村市场发展的需求，因此，有待拓宽自身经营业务范围，加强对农业发展的支持，充分发挥政策性数字普惠金融的引导作用。对于农村建设投资周期长、投入高、回报少的公共项目，政策性数字普惠金融要发挥政策性本质职能，支持农业现代化建设，以提高农村地区公共服务的水平，打通农民致富渠道。通常政策性数字普惠金融运营资金主要依赖央行再贷款和发行金融债券，这两者融资利率均高于商业存款，因此政府可对其减免营业税收、进行利率补贴或直接财政拨款，降低融资成本，实现自身资金循环运转。

（二）大力发展数字农业保险

农业保险是农民风险转移的有效手段。受农产品价格波动、自然灾害等因素影响较大的涉农企业，经营风险较高。为有效转移农业生产风险，保障经营主体的经营收入，应大力发展数字农业保险。

第一，创新农业保险服务理念。创新服务理念是农业保险提质增效的重要途径，有利于将惠农支农政策落到实处，保障农业可持续性生产。一方面，提升农业保险数字化服务水平，提高勘探定损效率，简化出险手续流程，缩短理赔时间，尽快帮助农户恢复生产经营，减少农户损失；另一方面，创新数字农业保险和惠民政策的宣传方式，可采用短视频等数字平台传播信息，通过线下宣讲等方式讲解农业保险相关赔付比例、保险责任、补贴政策等知识，提高农户对保险政策的认识，增加农户对农业保险政策的信任。

第二，创新数字农业保险产品。湖南省作为农业大省，地形复杂，各地经济作物不同，农业发展差异大。考虑到农产品自身的弱质性和不确定性，保险机构要根据当地情况开发特色农业保险产品，积极试点农险新险种，利用数字技术，缓解信息不对称问题，提高农业保险的覆盖率，满足当地农户对农业生产风险管理的需求，不断创新保险产品，切实保障农民收入。

第三，完善数字农业保险风险分散机制。农业受外界不确定性因素干扰较多，保险产品差异较大，应建立政府引导、市场运作的有效风险分散机制。首先，建立再保险制度。在政府引导下，由保险公司和产业基金出资成立政策性再保险公司，强制保险公司对涉农保险产品进行分保，从而分散转移农业风险。其次，通过地方政府和保险机构共同设立巨灾储备金，以在巨灾出现时赔付超过再保险规定标准的损失，分散保险机构巨灾损失赔偿压力，从而有效弥补农业巨灾风险资金短缺。

（三）提升县域数字普惠金融助农能力

县域数字普惠金融发展要以服务"三农"为宗旨，把发展农村市场为主要阵地，遏制资金使用非农化的趋势，强化数字普惠金融服务"三农"水平，增强支农效果。首先，县域数字普惠金融发展要充分利用传统金融机构自身完备的基层机构服务网络，同时利用大数据技术精准掌握农村信息的优势，把握农户融资需求，扩大对中低收入农户的信贷投放比例。其次，利用数字技术全程掌握授信农业经营主体的动态运营过程，拓宽农业信贷业务范围，动态调整授信额度，以提高资金使用效率，减少闲置资金。

（四）改善金融生态环境，提高县域数字普惠金融市场效率

良好的金融生态环境，是数字普惠金融助力农民增收的基础。一直以来，农村金融市场信息不对称的现象严重，金融机构涉农业务面临较高的信用风险，增加了金融服务机构运营成本。可以采取以下措施来改善金融生态环境。一是加大宣传力度，提高农民信用意识。要加大信用知识的宣传力度，将信用文化深入人心，有效利用短视频、抖音等数字媒介，加强对农民的信用宣传教育。同时宣传普及数字金融业务和知识。对信用级别高的农户，给予一定程度低息或免息贷款优惠，引导农户对信用价值的认识。二是完善农村信用担保体系。农村信用担保体系不健全，需要政府积极引导，采用市场化运作模式，健全信用担保机制，为农民和新型农业主体提供信用担保，解决融资难的问题。一方面，要扩大农民可用担保物的范围，根据农村信用担保市场出现的新情况，适当调整配套法律法规，为健全农村担保信用体系提供良好的环境；另一方面，要建立科学的农村信用担保内部控制制度。担保机构应建立风险保证金制度，利用数字技术构建配套的再担保风险预警系统，对在保项目实时精准监测，对担保农户和企业进行风险动态控制。三是加大失信惩罚力度。应加大对失信人员和失信行为的处罚力度，对

失信人员黑名单人员进行相应惩罚，并依法打击，使信用成为约束金融行为的有效措施。

四、加强县域数字普惠金融与集体经济融合发展

（一）促进县域数字普惠金融与农村集体经济紧密结合

目前县域数字普惠金融在农村的实践中主要有三种模式。一是农民个人的小额贷款资金，可有效解决农民部分资金需求；二是面向小微新型农业经营主体的信贷；三是面向农业专业合作社，发展村集体经济所产生的贷款。与前两种模式相比，第三种模式具有一定的优越性，既能克服生产经营能力弱、无法将资金变资本的弱点，又能提高抵御信用风险的能力，还能促进村集体经济的发展和壮大。因此，县域数字普惠金融可借助农民合作社，与农村集体经济发展、资产收益项目等集体性质的项目紧密结合起来。

（二）促进县域数字普惠金融与农村产业风险基金协同发展

农业产业和农民创业面临诸多风险，为应对风险，除了健全数字普惠金融体系，使农民能获得数字普惠金融服务之外，还可以通过建立农业产业风险基金来应对农业发展和农民创业的不确定性。可鼓励数字普惠金融与农业、林业、国土、科技等政府部门合作，以各自的专项资源为杠杆，创新普惠金融模式，统筹推进金融助农模式。特别强化担保融资增信功能，引导更多金融资源支持乡村振兴。

（三）建立金融机制推动村集体资源变资产

当前农民和新型农业经营主体的普惠金融额度不高，导致金融供给不足。因此，完善数字普惠金融助农体系建设，迫切需要加快资源流转市场建

设，完善数字普惠金融助农的基础性产权制度，为县域数字普惠金融发展提供金融生态支撑。

应有效激发农村发展活力，加快建设运作规范的农村产权交易中心和农村产权收储中心，提高农村资源的变现能力、融资能力和资本化能力，有效引导县域数字普惠金融资源不断流向农村地区。

五、提升农民金融素养

在数字普惠金融方兴未艾的今天，人们的金融素养决定数字普惠金融使用的深度和广度，也决定了数字普惠金融发展的效应。使用数字普惠金融服务的群体的金融素养已成为促进县域数字普惠金融发展的主要动力之一；同时数字普惠金融需求者对数字普惠金融的接受程度决定了县域数字普惠金融使用的有效性。县域数字普惠金融的服务对象对金融新业态的接受情况、对金融创新产品的使用情况，与消费者的受教育程度、风险偏好、对金融科技的认知密切相关。当消费者排斥数字普惠金融产品时，相关业务难以拓展推广。因此，应加强县域数字普惠金融消费者教育，尤其对农民的金融科技、金融业务和风险防范等相关知识进行适当的培训，针对不同金融需求的群体提供全方位的数字金融教育，以提高农民的金融素养。

参考文献

[1] 焦瑾璞，黄亭亭，汪天都，等.中国普惠金融发展进程及实证研究 [J].
      上海金融，2015（4）：12-22.

[2] 白钦先，张坤.再论普惠金融及其本质特征 [J]. 广东财经大学学报，
      2017，32（3）：39-44.

[3] 谢绚丽，沈艳，张皓星，等.数字金融能促进创业吗？：来自中国的证
      据 [J].经济学（季刊），2018，17（4）：1557-1580.

[4] 杜晓山.小额信贷的发展与普惠性金融体系框架 [J].中国农村经济，
      2006（8）：70-73，78.

[5] 陆磊，杨骏.流动性、一般均衡与金融稳定的"不可能三角" [J]. 金融
      研究，2016（1）：1-13.

[6] 何德旭，苗文龙.金融排斥、金融包容与中国普惠金融制度的构建 [J].
      财贸经济，2015（3）：5-16.

[7] 黄益平，黄卓.中国的数字金融发展：现在与未来 [J].经济学（季刊），
      2018，17（4）：1489-1502.

[8] 张勋，万广华，张佳佳，等.数字经济、普惠金融与包容性增长 [J]. 经
      济研究，2019，54（8）：71-86.

[9] 郭峰.政府干预视角下的地方金融：一个文献综述 [J].金融评论，
      2016，8（3）：67-79，125.

[10] 易行健，周利.数字普惠金融发展是否显著影响了居民消费：来自中国
      家庭的微观证据 [J].金融研究，2018（11）：47-67.

[11] 康书生，杨娜娜．数字普惠金融发展促进乡村产业振兴的效应分析 [J].金融理论与实践，2022（2）：110-118.

[12] 许桂华，彭俊华，戴伟．房价波动、挤出效应与金融支持实体经济效率：基于省际空间面板的分析 [J].财经科学，2017（8）：23-37.

[13] 冉芳，谭怡．数字金融、创新投入与企业全要素生产率 [J].统计与决策，2021，37（15）：136-139.

[14] 孙玉环，张汀昱，王雪妮，等．中国数字普惠金融发展的现状、问题及前景 [J].数量经济技术经济研究，2021，38（2）：43-59.

[15] 宋坤，林佳，柳晓倩．直接融资、空间溢出与农业现代化：基于省际数据的实证分析 [J].吉首大学学报（社会科学版），2018，39（1）：79-88.

[16] 周振，张琛，彭超，等．农业机械化与农民收入：来自农机具购置补贴政策的证据 [J].中国农村经济，2016（2）：68-82.

[17] 朱湖根，万伦来，金炎．中国财政支持农业产业化经营项目对农民收入增长影响的实证分析 [J].中国农村经济，2007（12）：28-34.

[18] 李克穆．互联网金融的创新与风险 [J].管理世界，2016（2）：1-2.

[19] 孟维福，李莎，刘婧涵，等．数字普惠金融促进乡村振兴的影响机制研究 [J].经济问题，2023（3）：102-111.

[20] 程名望，Jin Yanhong，盖庆恩，等．农村减贫：应该更关注教育还是健康？：基于收入增长和差距缩小双重视角的实证 [J].经济研究，2014，49（11）：130-144.

[21] 章元，许庆，邬璟璟．一个农业人口大国的工业化之路：中国降低农村贫困的经验 [J].经济研究，2012，47（11）：76-87.

[22] 王弟海．健康人力资本、经济增长和贫困陷阱 [J].经济研究，2012，47（6）：143-155.

[23] 徐舒．技术进步、教育收益与收入不平等 [J].经济研究，2010，45（9）：79-92，108.

[24] 高梦滔，姚洋．农户收入差距的微观基础：物质资本还是人力资本？[J]．经济研究，2006（12）：71-80.

[25] 邹薇，张芬．农村地区收入差异与人力资本积累[J]．中国社会科学，2006（2）：67-79，206.

[26] 姚梅洁，康继军，华莹．金融排斥对中国县域经济影响研究：实现路径与动态特征[J]．财经研究，2017，43（8）：96-108.

[27] 朱一鸣，张树忠．中国县域金融排斥问题研究：真的是供给不足引起的吗[J]．贵州财经大学学报，2017（4）：35-46.

[28] 贝多广，张锐．包容性增长背景下的普惠金融发展战略[J]．经济理论与经济管理，2017（2）：5-12.

[29] 王修华，傅勇，贺小金，等．中国农户受金融排斥状况研究：基于我国8省29县1547户农户的调研数据[J]．金融研究，2013（7）：139-152.

[30] 田霖．我国农村金融排斥与过度负债[J]．金融理论与实践，2012（2）：3-7.

[31] 周天芸，陈铭翔．数字渗透、金融普惠与家庭财富增长[J]．财经研究，2021，47（7）：33-47.

[32] 周利，廖婧琳，张浩．数字普惠金融、信贷可得性与居民贫困减缓：来自中国家庭调查的微观证据[J]．经济科学，2021（1）：145-157.

[33] 刘锦怡，刘纯阳．数字普惠金融的农村减贫效应：效果与机制[J]．财经论丛，2020（1）：43-53.

[34] 梁双陆，刘培培．数字普惠金融与城乡收入差距[J]．首都经济贸易大学学报，2019，21（1）：33-41.

[35] 陈啸，陈鑫．普惠金融数字化对缩小城乡收入差距的空间溢出效应[J]．商业研究，2018（8）：167-176.

[36] 宋晓玲．数字普惠金融缩小城乡收入差距的实证检验[J]．财经科学，2017（6）：14-25.

[37] 张林.数字普惠金融、县域产业升级与农民收入增长 [J].财经问题研究，
2021（6）：51-59.

[38] 何宜庆，王茂川.数字普惠金融的非线性与异质性经济增长效应：基于
平滑转换模型与分位数模型的实证研究 [J].四川师范大学学报（社会科
学版），2021，48（1）：54-64.

[39] 张勋，杨桐，汪晨，等.数字金融发展与居民消费增长：理论与中国实
践 [J].管理世界，2020，36（11）：48-62.

[40] 钱海章，陶云清，曹松威，等.中国数字金融发展与经济增长的理论与
实证 [J].数量经济技术经济研究，2020，37（6）：26-46.

[41] 成学真，龚沁宜.数字普惠金融如何影响实体经济的发展：基于系统
GMM 模型和中介效应检验的分析 [J].湖南大学学报（社会科学版），
2020，34（3）：59-67.

[42] 杨慧，李波.数字普惠金融促进共同富裕的效应与机制：基于地级市面
板数据的实证分析 [J].北方民族大学学报（哲学社会科学版），2023
（6）：145-156.

[43] 姜松，周鑫悦.数字普惠金融对经济高质量发展的影响研究 [J].金融论
坛，2021，26（8）：39-49.

[44] 张恒，赵茂，李璐.数字普惠金融与区域经济发展的时空耦合协调研究：
基于 2011-2019 年省级面板数据实证 [J].新金融，2021（6）：47-53.

[45] 褚翠翠，佟孟华，李洋，等.中国数字普惠金融与省域经济增长：基于
空间计量模型的实证研究 [J].经济问题探索，2021（6）：179-190.

[46] 王永仓，温涛.数字金融的经济增长效应及异质性研究 [J].现代经济探
讨，2020（11）：56-69.

[47] 蒋长流，江成涛.数字普惠金融能否促进地区经济高质量发展？：基于
258 个城市的经验证据 [J].湖南科技大学学报（社会科学版），2020，
23（3）：75-84.

[48] 唐文进，李爽，陶云清.数字普惠金融发展与产业结构升级：来自 283
个城市的经验证据 [J].广东财经大学学报，2019，34（6）：35-49.

[49] 李涛，徐翔，孙硕 . 普惠金融与经济增长 [J]. 金融研究，2016（4）：1-16.

[50] 颜建军，冯君怡 . 数字普惠金融对居民消费升级的影响研究 [J]. 消费经济，2021，37（2）：79-88.

[51] 张龙耀，邢朝辉 . 中国农村数字普惠金融发展的分布动态、地区差异与收敛性研究 [J]. 数量经济技术经济研究，2021，38（3）：23-42.

[52] 周雨晴，何广文 . 数字普惠金融发展对农户家庭金融资产配置的影响 [J]. 当代经济科学，2020，42（3）：92-105.

[53] 李建军，李俊成 . 普惠金融与创业："授人以鱼"还是"授人以渔"？[J]. 金融研究，2020（1）：69-87.

[54] 廖婧琳，周利 . 数字普惠金融、受教育水平与家庭风险金融资产投资 [J]. 现代经济探讨，2020（1）：42-53.

[55] 张晓玫，董文奎，韩科飞 . 普惠金融对家庭金融资产选择的影响及机制分析 [J]. 当代财经，2020（1）：65-76.

[56] 余文建 . 新发展理念引领普惠金融发展 [J]. 中国金融，2020（1）：18-19.

[57] 尹志超，张号栋 . 金融可及性、互联网金融和家庭信贷约束：基于 CHFS 数据的实证研究 [J]. 金融研究，2018（11）：188-206.

[58] 傅秋子，黄益平 . 数字金融对农村金融需求的异质性影响：来自中国家庭金融调查与北京大学数字普惠金融指数的证据 [J]. 金融研究，2018（11）：68-84.

[59] 王姣 . 数字普惠金融与传统普惠金融对农村居民收入影响实证分析 [J]. 农业经济，2022（8）：114-116.

[60] 许月丽，孙昭君，李帅 . 数字普惠金融与传统农村金融：替代抑或互补？：基于农户融资约束放松视角 [J]. 财经研究，2022，48（6）：34-48.

[61] 杨怡，陶文清，王亚飞 . 数字普惠金融对城乡居民收入差距的影响 [J]. 改革，2022（5）：64-78.

[62] 刘自强，张天 . 数字普惠金融对农民收入的影响及其空间溢出效应 [J]. 当代经济研究，2021（12）：93-102.

[63] 张林.数字普惠金融、县域产业升级与农民收入增长 [J].财经问题研究，
2021（6）：51-59.

[64] 王永仓.数字普惠金融影响农民收入增长的门槛效应研究 [J].金融理论
与实践，2021（6）：94-109.

[65] 葛和平，钱宇.数字普惠金融服务乡村振兴的影响机理及实证检验 [J].
现代经济探讨，2021（5）：118-126.

[66] 张碧琼，吴琬婷.数字普惠金融、创业与收入分配：基于中国城乡差异
视角的实证研究 [J].金融评论，2021，13（2）：31-44.

[67] 顾晓安，庄晓栋，许泽庆.空间视角下的普惠金融与农村减贫增收：机
制探讨与实证检验 [J].金融理论与实践，2020（1）：108-116.

[68] 陈丹，姚明明.数字普惠金融对农村居民收入影响的实证分析 [J].上海
金融，2019（6）：74-77.

[69] 李建军，韩珣.普惠金融、收入分配和贫困减缓：推进效率和公平的政
策框架选择 [J].金融研究，2019（3）：129-148.

[70] 蒋永穆.基于社会主要矛盾变化的乡村振兴战略：内涵及路径 [J].社会
科学辑刊，2018（2）：15-21.

[71] 赵燕萍，马林东.共同富裕背景下数字普惠金融助力乡村振兴的路径研
究：以浙江金华为例 [J].中国商论，2023（5）：29-32.

[72] 庞金波，吴迺霖.数字普惠金融对农村产业融合发展的影响效应与机制
研究 [J].湖北民族大学学报（哲学社会科学版），2023，41（2）：94-
103.

[73] 陈秀枝.农村数字普惠金融服务乡村振兴战略路径研究 [J].农村经济与
科技，2023，34（2）：216-219.

[74] 李悦欣，尹秀洁，赵润博，等.数字普惠金融对中国乡村振兴影响的实
证研究 [J].中国市场，2023（2）：31-33.

[75] 谢地，苏博.数字普惠金融助力乡村振兴发展：理论分析与实证检验 [J].
山东社会科学，2021（4）：121-127.

[76] 庞凌霄.数字普惠金融、农村减贫与乡村振兴 [J].统计与决策，2022，38（10）：57-62.

[77] 刘轶.数字普惠金融对乡村产业振兴的影响探究 [J].广东蚕业，2023，57（1）：85-87.

[78] 金婧.共同富裕背景下数字普惠金融对乡村产业振兴的影响：基于省域面板数据的实证 [J].商业经济研究，2022（4）：177-180.

[79] 郭卫.农村金融抑制与金融深化问题研究 [J].金融理论与实践，2002（11）：38-40.

[80] 周林洁，韩淋，修晶.数字普惠金融如何助力乡村振兴：基于产业发展的视角 [J].南方金融，2022（4）：70-78.

[81] 蒋庆正，李红，刘香甜.农村数字普惠金融发展水平测度及影响因素研究 [J].金融经济学研究，2019，34（4）：123-133.

[82] 陈一明，温涛.数字普惠金融能促进乡村产业融合发展吗？：基于四川彭州和广西田东的双案例分析 [J].秘书，2023（1）：3-13.

[83] 郭峰，王靖一，王芳，等.测度中国数字普惠金融发展：指数编制与空间特征 [J].经济学（季刊），2020，19（4）：1401-1418.

[84] 葛和平，朱卉雯.中国数字普惠金融的省域差异及影响因素研究 [J].新金融，2018（2）：47-53.

[85] 滕磊，张恒，唐思思.普惠视角下数字金融创新与农村经济发展 [J].调研世界，2021（12）：34-42.

[86] 陆怡，陈静，俞萍.城镇化视角下数字经济对产业结构优化的影响研究 [J].科技与经济，2022，35（6）：96-100.

[87] 张军扩，侯永志，刘培林，等.高质量发展的目标要求和战略路径 [J].管理世界，2019，35（7）：1-7.

[88] 马述忠，房超.跨境电商与中国出口新增长：基于信息成本和规模经济的双重视角 [J].经济研究，2021，56（6）：159-176.

[89] 李建明，罗能生.高铁开通改善了城市空气污染水平吗？[J].经济学（季刊），2020，19（4）：1335-1354.

[90] 石玲玲，余秀江，杨威，等．数字普惠金融的增收效应与作用机制：基于中国市级面板数据的实证分析 [J]．金融经济学研究，2022，37（2）：93-104．

[91] 李彦龙，沈艳．数字普惠金融与区域经济不平衡 [J]．经济学（季刊），2022，22（5）：1805-1828．

[92] 胡骞文，李湛，张广财．数字普惠金融支持实体经济发展的效应及异质性研究 [J]．新金融，2022（10）：18-24．

[93] 刘心怡，张伟，陈小知．数字普惠金融对不同区域农户收入的差异化影响研究：基于数字基础与城镇化的视角 [J]．农业现代化研究，2022，43（6）：984-994．

[94] 韩亮亮，彭伊，孟庆娜．数字普惠金融、创业活跃度与共同富裕：基于我国省际面板数据的经验研究 [J]．软科学，2023，37（3）：18-24．

[95] 杨林，赵洪波．数字普惠金融助力农民增收的理论逻辑与现实检验 [J]．山东社会科学，2022（4）：149-155．

[96] 张海燕．数字普惠金融对农户收入结构影响的异质性研究 [J]．统计与决策，2021，37（24）：152-156．

[97] 姚茗珂，赵健，杨艳萍．乡村振兴视角下数字普惠金融支持"三农"发展的绩效研究 [J]．金融理论与实践，2023（8）：75-85．

[98] 黄敦平，尹凯．数字普惠金融发展能否提升农村创业活跃度 [J]．金融与经济，2023（8）：43-53．

[99] 申云，李京蓉．数字普惠金融助力乡村产业融合发展的共富效应及空间分异 [J]．华南农业大学学报（社会科学版），2023，22（4）：82-95．

[100] 王瑞峰．数字普惠金融、农业农村高质量发展与农民共同富裕 [J]．中国流通经济，2023，37（6）：90-103．

[101] 冉群超，王庆生．数字普惠金融助力地区生态旅游发展：来自省级层面的证据 [J]．商业经济研究，2023（10）：181-185．

[102] 张合林，冯景．数字普惠金融对农地资本化收益的影响检验 [J]．郑州大学学报（哲学社会科学版），2023，56（2）：65-70，127-128．

[103] 伍卓，周付友．共同富裕背景下数字普惠金融对城乡收入差距的影响效应 [J].江汉论坛，2023（5）：22-29.

[104] 唐勇，吕太升．数字普惠金融能提升农业全要素生产率吗？ [J].哈尔滨商业大学学报（社会科学版），2023（3）：3-18.

[105] 郭劲光，张景媛．数字普惠金融对农民可持续性增收的影响效应：兼论相对贫困治理对策 [J].学术交流，2023（5）：128-139.

[106] 邓金钱，蒋云亮．财政依赖、数字普惠金融与农民增收：基于县域面板数据的实证分析 [J].农林经济管理学报，2023，22（3）：330-340.

[107] 黄祖辉，宋文豪，叶春辉．数字普惠金融对新型农业经营主体创立的影响与机理：来自中国 1845 个县域的经验证据 [J].金融研究，2023（4）：92-110.

[108] 范丽琴，刘国勇．数字普惠金融发展对农民收入影响的时空分异与收敛性分析 [J].中国农机化学报，2023，44（4）：248-256.

[109] 蔡雪雄，程秋旺，石玉婷．数字普惠金融对农地流转的影响、作用机制与异质性分析 [J].经济纵横，2023（4）：118-128.

[110] 张斯琪，田静，张启文．数字普惠金融能否有效促进农村农民共同富裕？ [J].农业经济与管理，2023（2）：110-122.

[111] 张呈磊，李文秀．数字普惠金融、社会网络与农户创业：基于正规金融和非正规金融替代的视角 [J].世界农业，2023（2）：104-115.

[112] 曹俊勇，张乐柱．数字普惠金融对农村产业融合发展的动态影响：基于系统 GMM 及门限效应的检验 [J].西南金融，2023（1）：43-55.

[113] 邓荣荣，吴云峰．数字基础设施建设对农村居民收入的影响效应 [J].首都经济贸易大学学报，2023，25（1）：21-35.

[114] 孙玉栋，王宣桦．数字普惠金融赋能乡村振兴的实践价值、现实挑战与政策因应 [J].北京行政学院学报，2023（1）：112-120.

[115] 董丽霞．数字普惠金融与中国农村家庭财富差距 [J].技术经济，2022，41（12）：111-122.

[116] 张启文，田静 . 数字普惠金融缩小城乡收入差距了吗？：基于农业全
要素生产率的中介效应分析 [J]. 农林经济管理学报，2022，21（6）：
716-724.

[117] 邓楚瑶，王福友 . 数字普惠金融推动农业高质量发展的路径选择：基于
黑龙江省农业数字普惠金融案例分析 [J]. 审计与经济研究，2022，37
（6）：117-126.

[118] 朱长城 . 农村电子商务发展对农村居民收入提质增效影响研究 [J]. 商业
经济研究，2022（22）：149-152.

[119] 孙继国，赵俊美 . 普惠金融是否缩小了城乡收入差距？：基于传统和数
字的比较分析 [J]. 福建论坛（人文社会科学版），2019（10）：179-
189.

[120] 焦青霞，刘岳泽 . 数字普惠金融、农业科技创新与农村产业融合发展 [J].
统计与决策，2022，38（18）：77-81.

[121] 张新洁，温凤荣，张务伟，等 . 数字普惠金融增收减贫效应：基于山东
省 17 地市数据的实证分析 [J]. 科学决策，2022（9）：1-19.

[122] 覃朝晖，潘昱辰 . 数字普惠金融促进乡村产业高质量发展的效应分析 [J].
华南农业大学学报（社会科学版），2022，21（5）：23-33.

[123] 成康康，杜赫 . 数字普惠金融对农村产业融合影响的实证检验 [J]. 技术
经济与管理研究，2022（8）：91-96.

[124] 傅巧灵，李媛媛，赵睿 . 数字普惠金融推进脱贫地区乡村全面振兴的逻
辑、问题与建议 [J]. 宏观经济研究，2022（6）：49-56.

[125] 李红锦，张丁山 . 数字普惠金融对城乡融合的影响研究 [J]. 金融经济学
研究，2022，37（3）：146-160.

[126] 徐光顺，冯林 . 数字普惠金融对城乡收入差距影响的再检验：基于农户
人力资本投资调节效应的视角 [J]. 农业经济问题，2022（5）：60-82.

[127] 杨林，赵洪波 . 数字普惠金融助力农民增收的理论逻辑与现实检验 [J].
山东社会科学，2022（4）：149-155.

[128] 高宝军，许小晴，久毛措．西藏数字普惠金融发展对农牧民收入增长影响研究：基于 PVAR 模型的实证分析 [J]. 西藏民族大学学报（哲学社会科学版），2022，43（2）：84-91，156.

[129] 孙学涛，于婷，于法稳．数字普惠金融对农业机械化的影响：来自中国 1869 个县域的证据 [J]. 中国农村经济，2022（2）：76-93.

[130] 张兵，李娜．数字普惠金融、非农就业与农户增收：基于中介效应模型的实证分析 [J]. 农业现代化研究，2022，43（2）：249-260.

[131] 李晓园，刘雨濛．数字普惠金融如何促进农村创业？[J]. 经济管理，2021，43（12）：24-40.

[132] 任海军，王艺璇．乡村振兴战略下的西部数字普惠金融效率测度及影响因素研究 [J]. 兰州大学学报（社会科学版），2021，49（5）：40-48.

[133] 张岳，周应恒．数字普惠金融、传统金融竞争与农村产业融合 [J]. 农业技术经济，2021（9）：68-82.

[134] 黄倩，朱鸿志，苏慧媛．数字普惠金融对农户创业选择影响研究 [J]. 福建论坛（人文社会科学版），2021（8）：85-102.

[135] ROSTOW W W, MCKINNON R I. Money and capital in economic development[J]. American Political Science Review，1974，68（4）：1822-1824.

[136] HANNIG A，JANSEN S.Financial inclusion and financial stability:current policy issues[J].SSRN Electronic Journal，2010. DOI:10.2139/ssrn.1729122.

[137] LEYSHON A，THRIFT N. Geographies of financial exclusion: financial abandonment in Britain and the United States[J].Transactions of the Institute of British Geographers, New Series，1995：312-341.

[138] JALILIAN H, KIRKPATRICK C. Financial development and poverty reduction in developing countries[J].International Journal of Finance & Economics，2002，7（2）：97-108.

[139] DEVLIN J F. A detailed study of financial exclusion in the UK[J]. Journal of Consumer Policy，2005，28（1）：75-108.

[140] COLE, DAVID C. Financial deepening in economic development[J]. The Journal of Finance, 1974, 29（4）: 1345.

[141] HAMORI S, HASHIGUCHI Y. The effect of financial deepening on inequality: some international evidence[J]. Journal of Asian Economics, 2012, 23（4）: 353-359.